Izak de Villiers

Die geluk van onsin
'n Anderse kyk na dinge wat saak maak

Tafelberg

Deur dieselfde skrywer (by Tafelberg):

Leitourgos
Engel voor my uit
Manna oor die duine
Gelykenisse en ander verse
Te vroeg vir moedverloor
Dalk familie van Jesus?
Leviet en vreemdeling
Teen winter en ontnugtering
Die goeie sal lewe
Die koningin se voetkombersie
Toe nou, prediker!
Depressie: die siekte van ons tyd
Net om jou 'n drukkie te gee

Tafelberg-Uitgewers Beperk,
Waalstraat 28, Kaapstad 8001
© 2000 I.L. de Villiers
Alle regte voorbehou. Geen gedeelte van hierdie boek mag sonder skriftelike verlof van die uitgewer gereproduseer of in enige vorm of deur enige elektroniese of meganiese middel weergegee word nie, hetsy deur fotokopiëring, plaat- of bandopname, vermikrofilming of enige ander stelsel van inligtingsbewaring.
Geset in 11.5 op 13.5 pt Times New Roman deur
Anna-Marie Petzer, ALINEA STUDIO, Kaapstad
Gedruk en gebind deur NBD,
Drukkerystraat, Goodwood, Wes-Kaap
Eerste uitgawe 2000

ISBN 0 624 03897 1

INHOUD

Die klein optog	7
Die onsin van geluk	9
Die moed om te bly staan	13
Die onverklaarbare wonder van aanbidding	17
Geloof is meer as mooi stories	22
Die ware sprokie van 'n prinses	27
'n Wêreldvreemdeling en sy God	31
Jy kán sonder jou kantoor bestaan	35
My huis met die lig in die vensters	40
'n Klein ruiker by 'n gedenkmuur	46
Die dansende Kersvaders	50
Troos uit 'n konsentrasieplek	53
Begrip tussen blomme en apies	56
Die sanger wat ons verryk het	59
Klein rampies, klein vreugdes	62
Goue dag, goue herinnering	66
Die liefde van verlepte blomme	70
Die onsin van die ouderdom	72
Met dank aan 'n mal vakansie	77
Aapstreke vir die eensaamheid	81
Die raaisel van die klein skildery	84
Skep iewers vir jou 'n eiland	88
Simpel stories, mites en wense word dalk waar	92
Spaar jou vir die dans	96
Ons dans soos blare in God se wind	100
Vliegtuie skryf liefde, maar 'n rolstoel sê dit ook	104

Met waskom en seep voor God se troon	107
Ervaring weet beter as Heidegger of Sokrates	111
My troos in lewe en in sterwe	115
Laat ant Salie tog maar sing	118
Hoop is 'n wollerige diertjie met 'n haasstertjie	122
Sê maar bog, maar daar is engele rondom ons	125
Die wraak van die roos	129
Die gelykenis van die Bybel en die bidder	132
Die vreemde verskyning van die voëltjie en die by	135
Hoe verduidelik 'n mens so 'n "sterfbed"?	138
Die geluk van onsin	142

Die klein optog

In een van my vroegste herinneringe staan en pluk my ma rose vir haar blompotte in die huis. Ek kyk hoe sy met haar handskoene en skêr elke blom versigtig afsny.

"Die rose moet weer mis kry," merk sy op.

Dis vir my driejarige verstand te veel: vuil, stinkende, swart stalmis rondom die plante met die pragtige lekkerruikrose.

"Waarom moet 'n mens die rose se grond vuil mors?" wil ek weet.

"Mis is die rose se kos," antwoord Ma. "Hulle eet dit."

"Sies!"

"Nee wat," sê Ma bedaard. "Rose is lief daarvoor. Geen mis nie, geen mooi rose nie."

Eers baie later sou ek leer hoe stikstof en minerale werk.

Nog later sou ek ander, groter vrae as oor mis en rose vra. Vir sommige het ek mettertyd min of meer gangbare verklarings gevind. Talle ander bly maar nog 'n raaiselagtige beeld in 'n dowwe spieël. Maar groot antwoorde sien 'n mens dikwels in die doodgewone alledaagse deur net effe uit 'n ander hoek te kyk. Uit soms skynbaar groteske dinge blyk dikwels die eerste beginsels van geluk.

Op my nogal avontuurlike lewensreis tot nou toe het ek probeer soek na wat werklik saak maak. Soms het ek glimpe daarvan gesien, soos die jong sir Galahad wat vol moed die Heilige Graal gaan soek het.

Hy het ná baie lang jare van swerf dit nie gekry nie. Op sy moeisame terugtog huis toe – te voet, want hy moes onderweg sy strydros en swaard verkoop – het hy 'n bedelaar langs die pad raakgeloop. Hy het by die man gaan sit en 'n stuk muwwe growwebrood uit sy sak gehaal en dit met hom gedeel. Toe gebeur die onmoontlike, absurde wonder: in die dankbare oë van die bedelaar sien hy 'n oomblik die glinsterende weerkaatsing van die Heilige Graal.

Ek is ook nou, effe gestroop, effe ontnugter en hopelik 'n bietjie wyser, soos ou sir Galahad, op pad huis toe. Ek het ver geswerf. My lewenson is aan die sak, lankal verby die middagpunt. Nou hou die geloof in God my aan die loop tussen sin en onsin, tussen momentele verwarring en 'n totale chaos.

My ma was reg: Geen mis nie, geen mooi rose nie. En daar is ook altyd humor.

In hierdie boek bied ek enkele klein insigte en ervarings van humor en hartseer van meer as sestig jaar. Sporadies het ek dit neergeskryf. Die kern van 'n aantal stukke was reeds op *Sarie* se agterblad.

Eenmaal, toe ek jonk was, het ek op ons dorp aan 'n feesoptog deelgeneem, opgewonde en plesierig in my kostuum. Vandag kyk ek na die foto's en lag vir die gekke wat ons van onsself gemaak het. En tog stem dit gelukkig.

Want al was dit simpel, was dit ons eie. "A poor thing but mine own."

Dieselfde geld hierdie boek. Dit is geen betoog nie, nog minder 'n dissertasie.

Ek hoop u ervaar dit as 'n klein optog saam met my, 'n herontdekking van 'n paar gewone waarhede: soos geen mis, geen rose nie, oftewel die vreemde geluk van skynbaar onsinnige dinge.

Izak de Villiers
Herfs 2000
Johannesburg

Die onsin van geluk

Toe ek in die kleuterskool was, het die juffrou ons eendag gevra wat ons wou word.

Die opgewonde antwoorde het die wêreld van 'n kleuter in die vroeë veertigerjare spontaan maar realisties weerspieël: oorlog en die nawerking van die groot depressie.

Sommige wou soldaat word en met gewere en bajonette in die Noorde gaan veg.

Ander wou baie geld verdien om 'n Chev of 'n Ford te koop.

Een wou 'n eie taxi hê.

'n Mooi blondekoppie wou 'n filmster word.

Ander het gedroom van verpleegster wees, of skooljuffrou of magistraat of polisieman.

Dit was die glansberoepe van my kleutertyd, die kinderlike droom van erkenning, sukses, bekroning en geluk.

Een bonkige meisie het gesê sy wil net gelukkig wees met 'n sterk man en ses kinders: "Ek wil trou en klaar."

Die juffrou was simpatiek. Ons klomp klein Fariseërs het haar as onnosel uitgelag.

Sowat dertig jaar later het ek die "trou en klaar"-meisie vlugtig tussen die geboue op die Kaapse strandgebied raakgeloop. Sy was 'n slanke beroepsvrou van aansien. Sy het nooit getrou nie en het lakoniek op my vraag geantwoord dat haar gesin twee honde en 'n kat was.

En of sy gelukkig was, soos toe sy as kleuter haar wens uitgespreek het?

Ek het nie gevra nie.

Drome van geluk werk nie altyd uit soos jy dit op 'n tydstip wou hê nie. Die seun wat sy eie taxi wou hê, het later 'n suksesvolle sakeman geword. Die blonde enetjie wat 'n rolprentster wou word, het later 'n bietjie sukses op die verhoog gehad.

Drome is wonderlik: dis wêrelde waarin jy onbesorg kan leef, maar hulle kan soms in nagmerries ontaard. En omgekeerd: nagmerries kan soms die voorspel wees tot groot geluk.

Dis soos die vrou wat gesterf en haar oë in die ewigheid oopgemaak het. Sy het rondgekyk en by haarself gedink: Dit kon inderdaad veel erger gewees het.

Rondom haar was pragtige tuine, al die skoonheid en luukses waarvan sy gedroom het. 'n Boaardse wese het verskyn en gesê: "Ek is u lyfbediende, mevrou. Alles wat u vra, sal ek doen, met graagte."

Wonderlik, het sy gedink en elke moontlike wens uitgespreek. Hy het elkeen stiptelik uitgevoer: haar geliefkoosde kos gemaak, haar gemasseer, haar gemanikuur en gepedikuur. Die boaardse wese het haar badwater ingetap, haar aangetrek, haar bed opgemaak, haar woonkwartier versorg – al haar wense is vervul.

Toe sy egter iets wil lees, sê hy hý sal dit vir haar voorlees. Toe sy self haar blyplek aan die kant wil maak, sê hy sy mag nie, dis sý werk.

Ná 'n tyd het hierdie soort lewe van totale gemak haar begin irriteer. Sy het die boaardse wese daarmee gekonfronteer: "Ek wil nie net bedien word nie. Is daar dan niks wat ek hier self kan doen nie, niks wat my soms geweier word of waarvoor ek my moet inspan nie?"

"Nee," het die boaardse wese gesê, "alles word vir u gedoen. Dis die reël."

Toe word die vrou vies en skel: "In daardie geval wil ek liewer in die hel wees!" Waarop die boaardse wese met 'n grimlag vra: "En waar anders, dink u, is u táns, mevrou?"

Hierdie gelykenis laat blyk dis maar hel om niks self te mag doen of self te verdien nie. Al die prag en luuksheid word kort voor lank 'n goue gevangenis.

Die storie lê die vinger op die onsin wat dikwels met geluk bedoel word.

Geluk is nie goue mure en mooi goed en alles word vir jou gedoen nie.

Geluk is 'n neweproduk van bruikbaar wees en van inspanning. Dis nie noodwendig 'n glanslewe of 'n glansberoep nie.

Dis om ná 'n dag van harde werk te kan sweet afvee. Dis om kalmte te ervaar nadat jy beangs was. Dis om die op en af kurwes van tye van teleurstelling en oorwinning te beleef en uiteindelik te kan sê: Dit was moeilik, maar die moeite werd.

Dis om jou huis af te betaal. Of jou kar. Of jou reis. Dis om by iemand te wees wat jy liefhet, al is dié ook soms 'n pyn. Dis om gesond te word nadat jy siek was. Dis om te oefen om iets te doen en dit dan te kán doen. En dan te bly oefen om dit te kan aanhou doen.

Dis om geld te verdien om brood te koop.

Dis om jou brood te deel.

Dis om te weet wanneer jy genoeg het.

Toe ek 'n kind was, juis in my kleuterskooldae, het werksmense van die munisipaliteit 'n sloot voor ons huis kom grawe. Hul werkery was vir my 'n skouspel: die dik kabels wat hulle gelê het, die pale wat hulle ingeplant het. Maar veral het ek hulle aangegaap wanneer hulle geëet het.

Elkeen het 'n halwe brood uitgehaal; dit in brokke gebreek, stadig gesit en kou en met swart koffie afgesluk. Soms het hulle gesing terwyl hulle gepik en gekap het, sodat die sweet op hul lywe uitgeslaan het. Hulle het vir my na gelukkige mense gelyk.

Anderdag het ek by die betaalpunt van 'n parkeergarage gewag. Langs die tou het 'n jong vrou 'n baba in haar arms gestaan en wieg. Sy het gewag vir haar man, wat ook in die tou was. Sy moet my oë op haar gevoel het, want skielik kyk sy op en gee my die allermooiste glimlag. Op daardie oomblik was ek én sy gelukkig.

Dit is onsin om te dink geluk is 'n durende partytjie of om sukses te behaal. Dit is nooit die einddoel van enigiets nie. Dis om iets te skep, of te laat gebeur, al is dit net om te sorg vir 'n huis van gemoedelikheid en warmte. Dit kos iets, en dit moet gedurig bewerk en aan die gang gehou word. Dis die neweproduk van iets positiefs doen.

Toe Christus op aarde was, het Hy baie mense gelukkig gemaak. 'n Mens lees nêrens Hy het hulle ryk gemaak of selfs vermaak nie. Aan dié wat met blydskap van Hom weggehuppel het, het Hy maar net hul gewone funksies – loop, praat, gesondheid – teruggegee.

Sy geluk was die geluk van besig wees in 'n onvolmaakte wêreld van pyn, te midde van die bonte mengelmoes van al die dinge wat ons "lewe" noem. Die res is klatergoud. Eintlik pure onsin.

Die moed om te bly staan

Daar is iets bekoorliks omtrent die Grieke.

Wat in hul merkwaardige klassieke beskawing verkeerd geloop het sodat hulle lange eeue al nie meer onder die groot moondhede tel nie, weet ek nie. Maar hulle is vriendelike, ortodokse mense, versot op gesels en redeneer, meesters van die toerismebedryf en hartstogtelik lief vir hul historiese vaderland.

Die eerste Griekse sin wat ek in my lewe geleer lees het, was: "Griekeland is die mooiste op die hele aarde."

Wel, dis nie heeltemal waar nie, maar die land het 'n aantrekkingskrag en 'n verlede soos min ander plekke.

Verhale van die Grieke se heldedade het my van kindsbeen af geroer, soos die aangrypende relaas van koning Leonidas en sy dapper manne.

Doer in die jaar 480 v.C. het die Persiese koning Xerxes met 'n magtige leër deur Klein-Asië getrek en die Hellespont met 'n groot vloot oorgesteek. Sy plan was om die Grieke finaal te verslaan en te verower.

Omdat sy leër en vloot stadig beweeg het, het die Grieke genoeg tyd gehad om hulle op die reusagtige inval voor te berei.

Maar dit was nie so maklik om te organiseer nie. Griekeland was nie een verenigde koninkryk nie, maar het uit sowat dertig stadstate bestaan, waarvan Athene en Sparta die vernaamstes was.

En menslike nukke verander nooit, dit leer die geskiedenis. Die Grieke het – ten spyte van al hul merkwaardige prestasies in die handel, wysbegeerte, wetenskap en kunste – gedurig met mekaar getwis en oorlog gemaak, byna soos die Afrikaners van vandag.

Hulle sou net tydelik verenig staan voor die aantog van 'n vyandelike oormag. Onder leiding van Leonidas, die koning van Sparta, is 'n groot kongres van Griekse stede gehou en 'n alliansie gevorm. Die Spartane sou die weerstand op land lei, en die Atheners, met hul vloot, sou die kus verdedig.

Die Persiese invalsmag het ná 'n skermutseling met die Griekse vloot aan land gegaan. Die Grieke het vir hulle in die nou bergpas van Thermopulai, tussen die Sperkiosriviervallei en die distrik Lokris, gewag. Enige invalsmag wat met die Griekse ooskus langs suidwaarts wou beweeg, moes deur Thermopulai gaan.

Koning Leonidas van Sparta was in bevel van sewe duisend Grieke wat die nou bergpas beset het. Twee dae lank het die Persiese oormag probeer deurbreek, maar hulle is met groot verliese teruggeslaan. Waarskynlik sou hulle nooit deur daardie pas gekom het nie, maar 'n Griekse verraaier genaamd Efialtes (ja, verraaiers is maar altyd deel van die geskiedenis) het vir die Persiese invalsgeneraals 'n geheime voetpaadjie agter om die hellings gewys.

'n Afdeling uitgesoekte Persiese infanteriste was dus in staat om Leonidas in die rug aan te val. Die Grieke van Thebe het voor die oormag geswig en gevlug.

Die Grieke van Athene het op aandrang van Leonidas teruggeval om 'n tweede verdedigingsfront verderaan op te rig.

Leonidas het met drie honderd van sy Spartaanse manskappe oorgebly en moes voor en agter, so lank moontlik, die pas teen die Perse verdedig. Sy bevel was kort en saaklik: "Ons bly staan en veg tot die dood." So is die Spartane van kleins af in hul militêre skole geleer: Liewer die dood as 'n nederlaag. Eer en plig ... of sterf.

Ná 'n hewige stryd het daar in Thermopulai nie 'n enkele Spartaan bly leef nie. Koning Leonidas het ook gesneuwel, met drie kapswaarde in sy rug.

Vandag word hul heldedaad gedenk naby die plek waar die bergpas was. Langs die snelweg is 'n pragtige monument, wat nogal enigsins herinner aan ons eie gedenkteken vir die Vrede van Vereeniging.

Die plek het sedert antieke tye heelwat van voorkoms verander. Die see het ver teruggetrek. Waar die skuins kranse van Thermopulai eens minder as vyftien meter van die see was, is die afstand nou byna twee kilometer.

Maar ek het tydens 'n besoek nogtans vol verwondering daar rondgeloop. Hierdie heldedaad roer my soos min ander. Om te dink hier het manne gestaan vir alles wat vir hulle dierbaar was.

En elkeen van hulle het geweet hy sou daar teen die oormag sterf.

Dalk was hierdie soort moed op die keper beskou dwaasheid. Eintlik onsinnig. Dalk is daar 'n element van onsin in die dinge van dapper voorgeslagte waarop ons roem. Watter sin het dit om vir 'n skynbaar hopelose saak te sterf?

Maar in die onsin van moed lê 'n groot waarheid: wanneer 'n saak werklik die moeite werd is, is selfs jou lewe nie 'n te groot prys nie. Daarom rig ons monumente vir ons gevallenes op.

Aan die regterkant van die grootpad na Athene, aan die voet van waar die bergpad eeue gelede was, is 'n eenvoudige rots waarop gebeitel staan:

> Vreemdeling, jy wat nog met die nou Thermopulai moet opgaan,
> Luister na ons!
> Gaan vertel aan die Grieke, aan almal,
> Dat ons hier lê,
> Gehoorsaam aan die wet van die Spartane.

Dis die eintlike Thermopulaimonument, want dit vertel wat heldedom beteken: om alle vrees te oorwin en jou aanvallers in die oë te kyk. Jy gaan onder, maar nie sonder selfrespek nie.

Ag, dis onsin, het die verraaier Efialtes geredeneer toe hy die Perse met 'n voetpaadjie agterom Thermopolai lei. Bly liewer aan die wenkant. Red eerder jouself.

Onsin, het honderde Griekse joiners gesê toe hulle hulle by die magtige Perse aansluit en na Athene marsjeer en die stad aan die brand steek. Wie gee tog om wie wen? Solank jy net kan bly leef! Mag is reg.

Onsin, dink ook ek, Westerling van die twintigste eeu, vlugtig. Mag is inderdaad reg. Met al ons mooi stories van demokrasie en menseregte, het ons nog iets om werklik voor te stáán?

Onsin met julle onsinstories, sou Leonidas-hulle geredeneer het. Vir hulle was daar niks om oor te debatteer nie. Hulle het hul plig geken en geweet teenoor wie hul lojaliteit in die eerste plek bewys moes word. Hulle het geweet waar hulle staan, en vir wat.

Want die ware Grieke het moed geskep toe hulle van die heldedood van die Spartane by Thermopulai hoor. Hulle het die Perse op land verslaan en onder leiding van die briljante Themistokles in die beroemde seeslag van Salamis die Persiese vloot aan die brand gesteek. Die Perse het omgedraai huis toe, en hulle het Griekeland nooit weer probeer verower nie.

Leonidas en sy manne het geveg vir hul geskiedenis en hul toekoms, 'n toekoms wat hulle nie sou meemaak nie.

Maar die geskiedenis is 'n lewende ding. Die dapperes van Thermopulai leef vandag nog in die heldeverhale en monumente van hul volk, duisende jare ná hul dood. En mense wat só leef, sterf nooit nie. Hul boodskap ook nie. Ook al vertrap ander leërmagte hul gebied.

Die aand ná my besoek aan Thermopulai sit ek in Athene by 'n klein restaurantjie in die Plaka en eet. Die Grieke maak vrolike musiek, twee manne begin dans, skottels moesaka word aangedra. Later word die borde stukkend gegooi, soos die Grieke maar doen wanneer hulle feesvier.

En ek dink: Het Leonidas-hulle ook vir hierdie mense gesterf, mense wat dans en moesaka eet en borde gooi? Ja, hulle het, want as hulle nie daardie pas help hou het nie, was daar vandag dalk nie eens die reste van 'n Griekse volk oor nie.

Natuurlik is dit ook maar, in beginsel, wat Christus op Golgota met swygsame moed gedoen het. Vir ons almal.

Die onverklaarbare
wonder van aanbidding

Ek het al groot oomblikke tydens godsdienstige samekomste beleef.

Een oggend by 'n opelugdiens by 'n Weskusstrandplek het die vergaderde menigte 'n akkordeon, konsertina en kitaar gehad, en die liedere het al hoe meer 'n "beat" gekry. Naderhand is daar in die sand gewieg en geswaai op die maat van "Betlehem se Ster". 'n Vrou het by my verby gewals en gesê: "Ai, die Djere enjoy dit as ons ons so enjoy."

Dis 'n bietjie ryk vir my Calvinistiese smaak, maar toe 'n vriend later teen dié "gedoente" beswaar maak, het ek my aan die kant van die aanbiddende walsers geskaar. 'n Bietjie "onsinnigheid" van aanbidding, soos my vriend dit genoem het, het in die groot bestel van God seker ook iewers 'n plekkie.

Buitendien het die Here 'n sin vir humor.

Een aand het ek en my ou mentor, Piet Cillié, saam met 'n Oxfordteoloog geëet. Piet, altyd op soek na 'n argument, het moedswillig gesê: "Professor Caird, as die duiwel so na die wêreld kyk, is hy seker baie tevrede. Hy lag seker lekker oor die mislukking van die mensdom."

Die ou professor het hom geamuseerd aangekyk en rustig geantwoord: "Jy maak 'n groot fout, mnr. Cillié. Jy sê die duiwel lag lekker. Wel, dit is een ding wat die duiwel nié kan doen nie. Die duiwel het geen sin vir humor nie. 'n Sin vir humor is Goddelik."

Op 'n Sondagnamiddag in Parys het ek en my vrou lustig saam met die gemeente in die eeue oue Notre Dame boomtakke geswaai op die maat van "Dierbare ou kruis". Ja, net so. Dit was Palmsondag, tradisioneel die viering van Jesus se triomfantelike intog in Jerusalem op sy donkie.

Toe ek 'n student op Stellenbosch was, het dr. J.C.G. (Kolie) Kotzé een week 'n reeks dienste gehou. Die Studentekerk was elke aand stampvol. Elke preek was nie 'n minuut korter as 'n uur nie, maar die gehoor het bankvas gesit, sodat 'n mens 'n speld kon hoor val. Sal ek ooit weer so iets hoor en beleef? – 'n begenadigde prediker en 'n besielde gehoor.

In New York het ek soggens in Fifth Avenue tougestaan om na die beroemde dr. Norman Vincent Peale te luister. Daardie koor was 'n ervaring, tesame met die ou witkopprediker en sy positiewe kyk op die Bybel se boodskap. Van die preke onthou ek nie veel nie, behalwe dat hy vertel het van 'n gemeentelid wat yskaste vervaardig en maande gesukkel het met jig in sy toon.

Geen dokter kon hom help nie. Toe bid hy: "Here, ek maak yskaste, en as 'n yskas wat ek maak, nie werk nie, stuur die mense dit terug en ek maak dit reg. U maak tone. My toon werk nie nou reg nie. Ek gee dit nou vir U terug. U moet dit regmaak." En van daardie dag af was sy jig weg.

Onsin? Verbeelding? Dalk 'n vrolike stukkie werklikheid van gebed.

Maar my lekkerste kerktoegaan was seker in die NG gemeente Constantia, waar ek tien jaar lank predikant was. Daar was 'n gemoedelikheid, 'n spontaneïteit wat van die erediens 'n ervaring gemaak het, 'n oase vir 'n rukkie, ook in tye van die grootste pyn.

En dit sonder enige foefies.

Ware aanbidding het nie foefies nodig nie. God werk self onverklaarbaar daartydens en het nie advertensieflitse nodig nie.

Ek speel nou nog van die opnames van die gemeentesang, psalms en gesange, en verbeel my ek is terug in daardie kerk, en voel 'n opgewondenheid in my hart.

In my jeug was ons gemeente geseën met goeie predikante – begrypende, waardige manne wie se stemme sonder selfs een enkele mikrofoon die groot kerk gevul het. Daar was nie die aangeplakte, kruiperige manier van oorintieme gemoedelikheid en gemaakte "loslitgeit" nie, ook nie 'n geskel en geskree of 'n "verhewenheid" wat met 'n bewende huilstem voorgedra is nie.

Want ek het ook al by 'n paar kerkdienste uitgestap terwyl dit nog aan die gang was. Op 'n keer in die Kaap het die prediker met 'n mikrofoon tussen ons deur geloop en geskree dat ons die Heilige Gees moet ontvang. Van die mense het op die grond begin rol.

Ek het gevoel ek moet uit. Dit kan vir ander aanvaarbaar wees, maar ek verkies die stigting van die stilte en die orde en die gedemptheid wat iets van die misterie van God oordra.

Ander voel anders en elkeen moet hom in aanbidding seker op sy manier uitleef. Die een se sin is die ander se onsin, en omgekeerd.

Maar 'n mens wonder soms: Wat dink die Here van ons kerkhouery? Sou Hy Hom werklik "enjoy", soos die walsende vrou op die Weskussand gesê het Hy doen?

Of sou God ons deur sy profeet laat weet: "Gee pad voor My met die rumoer van jou gesing; Ek wil nie jou harpmusiek hoor nie!" (Am. 5:23).

Sou die Here dalk 'n manier hê om ons sang en gebede uit te doof, soos 'n mens die klank van die radio afdraai? Of verdra Hy dit maar? Hy het immers deur Amos duidelik laat weet dat Hy nie altyd geamuseerd is met die onsinnige "rumoer" van liedere en harpspel nie. Tog lyk dit nie asof die Here soseer ontstig was deur die liedere nie as deur die valse gesindheid van die mense.

'n Mens raai dat Hy ons meesal met genade bekyk – en dikwels ook heilig geamuseerd – ons met al ons vertonings van paslikheid en kennis van Hom.

Wat sou Hy dink van ons gesprekke en menings oor Hom, wat ons dikwels so heftig en oormoedig verkondig?

In die Bybel staan 'n mens moet na die miere gaan en wys word.

Nou ja, die einste miere: 'n Mens wonder partymaal of hulle dink, kom ons sê maar dink op 'n primitiewe manier met hul mikroskopiese gedagtetjies in hul klein lyfies. En ás hulle dink, sou hulle ook 'n soort filosofie hê, 'n "lewensbeskouing" volgens hul piepklein logika?

Hoe sou hul "wêreldbeeld" lyk? Hoe sou hul weergawe van die plantkunde lui? Bloot 'n relaas van die stokkies wat hulle dra wanneer dit gaan reën? En hoe weet hulle wanneer om te begin aandra? Instink? Maar hoeveel menslike denke is werklik logies en hoeveel is instink?

En wat sou miere van mense dink, mense in wie se tuine hulle woel en in wie se huise hulle kom?

Sou hulle dink ons is net wrede wesens wat hulle met gif bespuit en vertrap? Gode? Sou hulle ook redeneer oor "die wese van die mens", soos ons in die filosofie en teologie dikwels voorbarig oor die "wese van God" redeneer?

As so iets sou gebeur en ons hul gesprekke kon beluister, sou dit ons seker geamuseer het. Of dalk sou die miere se insig ons af en toe verbaas het, soos Eugène Marais oor hul orde verbaas was.

Maar die miere wat doer in die woestyn in hul miershope woel en werskaf en nooit 'n mens gewaar nie ... Dalk sou hulle redeneer mense bestaan nie, soos sommige mense redeneer dat God nie bestaan nie. Dan sou hulle filosofeer dat mense 'n mite is, ondenkbaar duskant hul horison en onbewysbaar volgens hul logika. Oorlewerings van voorvadermiere, wat dalk op 'n tyd trekkende woestynmense gewaar en op hul manier beskryf het, sal naderhand as blote verdigsels afgeskryf word. 'n Mite van termiete. Onsin.

Op 'n manier is wat ons van God en van mekaar dink, maar op dieselfde vlak as wat die miere van ons dink, as hulle sou dink.

By die verhaal van die bou van die toring van Babel staan die opmerking: "Die Here het afgekom om te kyk na die stad en die toring wat die mense vir hulle gebou het" (Gen. 11:5). Die grote God kom kyk na die geboutjies van die aanstellerige Babiloniërs. Dis hoë humor hierdie. As 'n mens 'n prentjie van die hele episode kan vorm, dink ek dis op dieselfde vlak as wat ons na die miere se gewerskaf in 'n miershoop staan en kyk.

Ons dink tog dat ons soveel sin oor God praat dat ons selfs namens Hom kan praat. Maar die naaste wat 'n prediker seker kan kom aan "So sê die Here", is om soos Karl Barth te hoop sy preek en die erediens skep 'n ruimte waarin dit God deur sy Gees sál behaag om te praat. Op meer kan 'n mens nie aanspraak maak nie, gedagtig aan die miere.

Ná 'n oggenddiens het 'n man na my gekom, 'n onbekende man. Hy het vertel dat hy die oggend vroeg wakker geword het in 'n emosionele krisis. Hy het gevoel hy moes net iewers in 'n kerk kom. "En," sê hy, "ek weet nie wat dit was nie, maar in u boodskap het ek my antwoorde gekry. Ek dink dit was van die Here ..."

'n Mens hoop so, want vir my het dit weer gevoel asof ek dié oggend maar 'n boel onsin oor 'n pragtige teks gepraat het. 'n Mens weet nooit, soos die miere waarskynlik maar min van ons weet. Dis alles 'n groot misterie.

Miskien is die geheim dat 'n mens nie te ver moet dwaal van wat opgeteken is deur God se kinders in die biblioteek van boeke wat ons die Bybel noem nie.

En dat wanneer ons in die kerk kom, ons eerstens sal bid dat die Here maar met groot erbarming moet luister na ons liedere, jollie of getrék en gerék. Dat Hy ons soms ons gebede en preke sal vergewe. En dat Hy maar oor ons sy hoof kan skud, maar ons nogtans, ten spyte van ons onsin sal liefhê. Ja, en dat ons Hom soms so sal amuseer dat Hy sal glimlag en tog bly sal wees Hy het ons vir Hom gemaak.

En tweedens? Wel, dat ons ons in aanbidding as 'n belewenis van God sal "enjoy", met of sonder orrel, of harp, of … konsertina.

Geloof is meer as mooi stories

Een of ander ou filosoof het gesê hy glo omdat dit onsin is. Wanneer 'n mens sy stelling die eerste keer hoor, maak dit nie sin nie. Maar wat vas staan soos die berge, is dat geloof seker een van die onderwerpe is waaroor die meeste onsin gepraat word.

Toe ek 'n jong student was, het een van die koshuisinwoners ná hy gedruip het 'n geloofsverklaring daarvoor gehad. Hy het vertel dat die Here deur sy ellendige swak punte "vir hom iets wou sê".

Wat die Here vir hom wou sê, was glo dat hy sy studie moes staak en na die sendingveld moes vertrek. Hy het sy tasse gepak, almal gegroet en stasie toe gegaan. Hy het vertel hy het nie treingeld nie, maar dat hy "glo en vertrou" die Here sal beskik.

Miskien moes 'n engel, of 'n onbekende weldoener, die kaartjie of die geld vir hom bring.

Hy het 'n dag lank op die stasie gewag, maar geen wonder het gebeur en geen weldoener het opgedaag nie. Die student was 'n dwaas. Hy het later op die dorp 'n taxi bestuur.

Insidente soos dié het met geloof niks te doen nie. Dis impotente onsin.

'n Tyd gelede was die koerante in beroering oor die uitlatings van die skryfster Madeleine van Biljon. Sy het onder meer geskryf dat sy nie 'n Christen is nie, en dat sy regtig nie kan insien hoe haar simpel sondes die dood van 'n man twee duisend jaar gelede werd was nie.

Dit was maar die begin van dié gekke episode. 'n Paar vroue van 'n Afrikaanse vereniging het haar gaan besoek en die prys wat hulle aan haar toegeken het, teruggetrek. Hul vereniging is Christelik, het hulle verduidelik, en die bekroonde het hulle in verleentheid gebring. Van Biljon het heftig beswaar gemaak teen hul optrede, ook in die pers.

'n Mens het so half die indruk gekry dat die koerante groot genot geput het uit die bekroonde se ongeloof, meer so as uit die verleentheid van die bekroners. Die tema wat uit die hele gebeure voortgekom het, was min of meer: "Daar sê Madeleine dit nou: geloof is sommer 'n klomp stories."

Dit was nie eintlik wat sy geskryf het nie. Haar stuk was in der waarheid 'n eerlike uiting van 'n ware agnostikus. Maar die vere het die wêreld vol gewaai. Die vereniging wat die prys teruggetrek het, het om verskoning gevra.

Toevallig ken ek Van Biljon en ek weet sy het nog nooit doekies omgedraai nie. Die dames van die vereniging het eenvoudig nie hul huiswerk gedoen as hulle hul prys met hul geloofsbeskouing wou laat klop nie.

Maar die briefwisseling en berigte, vir en teen, het gewissel van groot sensasie tot 'n absurde vingerwysery.

'n Tyd daarna het die pers die truuk probeer herhaal: 'n TV-persoonlikheid het glo geweet te vertel dat sy nie alles glo wat in die Bybel staan nie. Soos die Engelsman sê: "Big deal." Asof die meeste gelowiges sou belang stel in 'n TV-vrou se insigte of Jona in die vis was en of Eva se slang gepraat het. In alle billikheid teenoor dié TV-dame: sy het dit in 'n redelik geslote kringetjie gesê en wou nie daarmee sensasie soek nie. Maar die koerantplakkate het dit uitgebasuin. Dié storie wou egter nie lekker vlamvat nie.

Onsin kan nogal ver loop, maar sy asem raak ook op.

Natuurlik kan geloof aan die onsinnige of absurde grens. Dit blyk uit die voorbeeld van die student op die stasie tot die groot vraag oor lyding: Hoekom laat God dit toe, as Hy God is? Laasgenoemde is die geweldige tema van Job. "As ek maar geweet het waar om God te vind," sê hy, "sou ek na sy woonplek toe gaan" (Job 23:3).

'n Siek vrou het eenmaal vir 'n predikant geskryf dat sy hom oor die radio gehoor het. Sy radiorede het haar ontstel. Sy het geluister dat hy sê 'n mens kan alles deur geloof regkry, omdat God altyd teenwoordig is, en dat net Christus die reg gehad het om te bid: "My God, my God, waarom het U My verlaat?"

"Wat jy verkondig het, is te gek vir woorde," het sy geskryf, "en dit wys dat jy nog niks besonders beleef of geleer het nie. Al geloof wat ek nog oorhet, is 'My God, my God, waarom het U my verlaat?' As jy dít ook nog van my wegneem, het ek in my nood geen geloof meer oor nie, al klink dit vir jou na onsin."

Die dominee het gaan dink oor wat die vrou gesê het. Hy het later self tye van groot donkerheid beleef, en gebid: "My God, my God, waarom het U my verlaat?" Want hy het besef dat dit een van die mees gedurfde geloofstellings van alle tye is.

Dit voel vir die een wat platgeslaan is, asof hy totaal verlate is, maar hy gee nog steeds te kenne dat God binne hoorafstand is van sy tragiese geprewel.

Dít is die geloofsprong waarvan sommige teoloë praat, 'n sprong in die duisternis, 'n waagstuk, maar ook 'n soort aanvoelbare wete dat jy spring in die arms van die ewige God.

'n Mens roep in die donker: "Is daar iemand wat hoor?" En sonder enige bewys handel jy asof daar wel iemand is wat luister. Dit klink half na onsin. Maar dis die soort optrede en gebed wat verhoor word.

Mense wat sukkel om te glo, kan die volgende probeer: handel bloot asof God teenwoordig is, asof Hy hoor, al is jy ook nie oortuig daarvan nie. Gaandeweg word die "handel asof Hy hoor en geraak word" 'n groeiende bewuswording van 'n Teenwoordigheid. Dis nie juis 'n oorspronklike gedagte nie. Blaise Pascal het dit eeue gelede al gesê. Maar dit werk.

Jare gelede was ek baie siek. Die verskriklike siekte het jaar ná jaar voortgesleep; ek het dit so dig moontlik probeer hou en sukkelend met my werk en lewe probeer voortgaan.

Daar was 'n lang laning populiere langs die Houtbaaipad. Sondagoggende het ek daarlangs gery wanneer ek in Houtbaai moes gaan preek. Die siekte het my oorval toe die populierblare een jaar in die herfs geel begin afval het.

Die volgende herfs het ek weer Sondae daarlangs gery en gedink: die blare val al weer en ek is sieker as ooit.

Die derde herfs het gekom en ek het hardop in my kar gebid: "God, God, luister tog na my. Ek kan nie so aangaan nie." Die medikasie wat vir my voorgeskryf was, het my sieker as ooit gemaak, en ek het dit gestaak.

Op 'n oggend het ek gestaan en skeer en effe geskrik vir my beeld in die spieël. "Help my, Here," het ek hardop en buite raad gebid. En ewe skielik het iets gebeur. Niks dramaties nie. Ek het net rustiger geword. Daardie oggend was die keerpunt. Binne 'n jaar was ek sonder medikasie so te sê gesond.

Miskien klink hierdie insident vir iemand wat nie glo nie, na verbeelding. Maar soos die blinde vir die Fariseërs gesê het: "Een ding weet ek wel: ek was blind, en nou sien ek" (Joh. 9:25) kan ek ook sê: Een ding weet ek wel: ek was baie siek, en op my hulpgeroep het ek skielik rustig aangevoel dat ek besig was om gesond te word.

Daaroor kan die denkers maar redeneer, en die TV-persoonlikhede kan vertel wat hulle nie glo nie. Ek weet dat ek deur tien duisend meule is en anderkant uitgekom het. Daarvan getuig my spierwit hare.

Maar een van die "onsinnighede" van geloof is dat dit ook vreemde vreugde is.

Ek het iewers 'n rympie gelees wat 'n soldaat in die Eerste Wêreldoorlog voor die groot slag aan die Somme geskryf het:

Look, God, I have never spoken to you,
But now I want to say: "How do you do?"
You see, God, they told me you did not exist
And like a fool I believed all this.

Last night from the trench I saw your sky,
I figured right then
They had told me a lie.
Had I taken time to see the things you made
I'd have known they weren't calling a spade a spade.
I wonder, God, if you'd shake my hand,
Somehow I feel that you will understand.

Dis hierdie laaste sin wat die gelukkige onsin van ware geloof is: "Somehow I feel that you will understand."

Here, U sal begryp. Ek voel dit so op 'n manier aan.

Want die probleem met geloof is dat ons daarvan 'n ingewikkelde filosofie wil maak. Dis dan wanneer ons gewoonlik die spoor byster raak. Of wanneer ons die skuld van ons dwaashede by God soek: soos om in 'n eksamen te druip en dan vir 'n engel wag om 'n treinkaartjie te bring.

Die soldaat aan die Somme het nie gevra vir engelvlerke om hom uit die hel van die loopgrawe te red nie. Maar in primitiewe geloof het hy sy hand na God uitgesteek. En God sou dit vat en skud met: "Ons het nou 'n ooreenkoms. Jy is my kind. En Ek is jou God."

Dit is die hart en geluk van geloof, vir hier en nou en vir alle ewigheid.

DIE WARE SPROKIE VAN 'N PRINSES

Watter bruilof was die mooiste wat jy al bygewoon het? Of op TV gesien het? En wie was die mooiste bruid?

'n Mens kan aan 'n hele paar dink, sonder om iewers na te slaan of na notas te kyk:

Daar was die sprokiestroue van prins Charles en lady Diana, met Diana 'n pragtige bruid.

Daar was die vorstelike seremonie van prins Andrew en Fergie.

Daar was die mooi foto's van John F. Kennedy jr. en sy statige, skone Carolyn.

Vreemd hoe al hierdie huwelike tragies was. Al die mooi optogte, die pragtige rokke, die soldate in gelid ... Op die ou end was dit weinig meer as leë vertoon.

Daar word vertel die jong Kennedy's het hewig rusie gemaak voordat hulle op hul laaste reis vertrek en hul vliegtuig in die see gestort het. Prinses Diana het, ná jare lange stormagtige openbarings van ernstige huweliksprobleme, tragies met 'n nuwe minnaar in Parys verongeluk. Fergie word deesdae darem weer na die koninklike paleis genooi. Maar dis maar langtand, want sy het glo te veel skande gemaak. Tog is daar van tyd tot tyd sprake dat sy en prins Andrew selfs weer kan trou.

Tja.

Maar dit gaan darem nie elke dag so nie.

Ek kan aan gelukkiger, positiewer voorbeelde van mooi huwelike, hier plaaslik, dink.

Christelle Malan, destyds moderedakteur van *Sarie*, was een van die mooiste bruide wat ek gesien het. Toe sy my vra om by haar in te haak vir 'n paar foto's het ek gevoel dis my eie kind. Haar rok was besonders: 'n vol romp waarop vars rose vasgesteek was, met 'n tullebostuk.

Op 'n plaastroue het ek nog so 'n mooi bruid gesien. Een van daardie "full many a flower born to blush unseen"-soort. Sy het 'n ligte sluier gedra en 'n klein ruiker van weeskindertjies. Daar was nie eens 'n amptelike fotograaf nie; die familie het kiekies geneem. Sover ek weet, is hulle vandag nog op daardie einste plaas, jare lank getroud en stil-stil tevrede.

Maar meesal is ons op prinsesse en rolprent- en TV-sterre aangewese vir glanstroues, op glansfoto's in tydskrifte vir die skouspel en die seremonie. En as ek dan moet kies, gaan ek ver terug na die serene skoonheid van prinses Grace van Monaco, oftewel Grace Kelly, rolprentster van die jare vyftig.

Toe sy in 1956 met prins Raynier van Monaco trou, was die wêreld in rep en roer. Dit was die volmaakte mediahuwelik: 'n prins en 'n beroemde rolprentskoonheid.

Die Amerikaanse regering het sy oorlogskip USS Constitution beskikbaar gestel om die bruid na haar prins te neem. Persmense het byna waansinnig geword toe Grace uit die hawe van New York vertrek. Die polisie moes haar soos 'n ballerina optel en oor hul koppe vir mekaar aangee sodat sy aan boord kon kom.

In 'n interessante boek, *The Bridesmaids*, vertel een van prinses Grace se ses strooimeisies, Judith Balaban Quine, van die byna koorsagtige histerie van die skare teenoor die ingehoue majesteit van die bruid:

"Ek het in my lewe al baie mooi vroue gesien, maar niemand so pragtig soos Grace op daardie dag nie. As ons klompie strooimeisies ooit van volmaakte skoonheid gedroom het, was dit hier voor ons oë. Toe sy ons voor die troue kom groet, het iets kosbaarders as skoonheid die vertrek gevul. Dit was die misterie van Grace, die stempel van haar ingebore adel, die onpeilbaarheid van haar diepste innerlike, haar intens liefhebbende siel."

Haar trourok, van meer as vier honderd meter materiaal, was van kant, tafsy, tulle, en nogmaals kant. Haar ruiker was 'n klein wit Bybeltjie en 'n bossie lelies van die dal. Natuurlik moes daar darem iéts verkeerd loop: die musiek vir haar triomfantelike intog in die katedraal was nie dié waarby sy en haar gevolg geoefen het nie. Dit het glo vinnig dink gekos om hul passies by die "nuwe" begeleiding te laat pas.

Volgens protokol van die Huis van Grimaldi moes sy as bruid eerste die katedraal binnegaan met haar gevolg en by die altaar op haar vorstelike eggenoot wag.

Die kêrel kon glo nie wag nie. Grace het nog nie haar staan gekry nie toe trompette die prins se aankoms aankondig. 'n Ware sprokie!

Toe sy aan boord van die Grimaldi's se seiljag Deo Juvante op haar wittebroodsreis vertrek, het haar strooimeisies gehuil en gewuif en soos tipiese bakvissies van Nieu-Engeland se elite gegroet: "See you later, alligator." Die prinses met die ingehoue glimlag het van die dek af gewuif. Aan die sy van haar prins.

Hier sou 'n mens die verhaal wou laat eindig, soos so baie sprokietroues: Hulle het lank en volkome gelukkig saam geleef.

Ongelukkig het dit verder ietwat anders verloop.

Stories het die ronde gedoen dat die galante prins sy prinses verkul het. Haar kinders het haar dikwels teleurgestel. En in 'n opsienbarende boek is ook oor haar geskimp, dat sy nie baie soet was nie.

Haar vriendin Judith ontken dit. Onthou, sê sy, in óns kringe, onder die Bostonse elite, word nie eens oor so iets gepraat nie.

Die aand ná die tragiese motorongeluk waarin Grace gesterf het, was Judith, die enigste strooimeisie wat ook by haar graf gestaan het, op pad na haar begrafnis. Op die vliegtuig het sy 'n gediggie gelees wat Grace geskryf het toe sy 'n teruggetrokke meisie van sowat veertien was:

Little flower, you're the lucky one,
You soak in all the lovely sun,
You stand and watch it all go by
And never once do bat an eye,
While others have to fight and strain
Against the world and all its pain.
But you too must have wars to fight:
The cold black darkness of the night,
of a bigger vine that wants to grow
and is able to stand in wind and snow,
and you never let it show
on your pretty face.

Het Grace toe reeds, profeties, haar eie lewensloop opgesom?

Was haar skoonheid en roem, al die vorstelikheid en bewondering, eintlik maar net toneelspel? Wat was die werklikheid agter die waas van statigheid en vorstelike geluk?

Wel, dit blyk nou prins Charles en prinses Diana se huwelik, byvoorbeeld, was van meet af oëverblindery.

Wat sou prinses Grace aan die einde van haar lewe gedink het?

Hoe ouer sy geword het, hoe meer het sy haar tot God gewend. Sy was dikwels in die katedraal in gebed.

Maar daar was nog altyd 'n streep onnutsigheid ook, iets van die gedempte uitbundigheid van haar Bostonse jeug. Sy het Charles en Di se troue bygewoon, geklee in 'n betowerende wit uitrusting wat 'n goeie teug van die bruid se kalklig gesteel het. Ek vermoed sy wou die Britse koninklikes net so fyntjies 'n punt wys.

Maar agter die sprokie was sy eensaam.

Dit onderstreep weer die ou-ou waarheid: "Nobody has it all together." Niemand het 'n volmaakte lewe of volkome geluk nie. Die geheim is om die lewe wat jy het, dankbaar en met waardigheid voor God te leef.

Daardie waardigheid het Grace gehad.

Trouens, die insig het sy reeds as veertienjarige gehad, dat wanneer die son vir jou agter die wolke is:

... never let it show
on your pretty face.

Want 'n mens kan nie heeldag jou trane loop en wys nie. Daar steek onverklaarbare wysheid daaragter om die geheim van die sprokie te bewaar, ter wille van jouself en ter wille van ander. Dit het Grace al as kind aangevoel.

Wie die sprokie wil vernietig, of te veel wil openbaar, loop gevaar om 'n aaklige, steriele en siniese samelewing te skep waarin daar nie meer plek vir helde en skone prinsesse is nie. Dít terwyl die meeste van ons, hoe oud ook al, in sekere sin altyd kinders bly, wie se oë blink by 'n mooi bruilof, of 'n mooi optog, of 'n viering van die lewe.

'n Wêreldvreemdeling en sy God

Abraham was 'n wêreldvreemdeling. Al het hy die wêreld in meer fasette geken as die meeste mense.

In sy bittersoet loopbaan was hy 'n goeie leerling met drie A's in die destydse matriek, 'n sertifikaat wat toe nog heelwat werd was. Hy het 'n paar goeie kortverhale vir tydskrifte geskryf.

Hy het 'n "hippie" geword met 'n netjiese poniestert, as boemelaar rondgeswerf, by die doeane in die Kaap as wag gewerk, mense se huise opgepas, altyd alles gelees wat hy kon kry, in 'n inrigting vir emosioneel versteurdes beland, later in Milnerton se bosse by 'n plakkergesin gebly, Johannesburg toe gedwaal, weer, weens depressie, in 'n inrigting beland, 'n werk as portier daar gekry en uiteindelik, weens begrotingsbesnoeiings, sy werk verloor.

Toe het hy weer by my kom aanklop.

Want ek het hom lank tevore leer ken, in 'n stadium toe hy nie gepraat het nie. Hy het vir my briefies geskryf. Ek het hom vrae gevra en dan het hy sy antwoorde in netjiese handskrif op 'n stukkie papier aan my gegee. Dit was die tydperk van sy vreemde stomheid, waarskynlik ná groot emosionele trauma.

Dit was duidelik dat sy intelligensie ver bo die gemiddelde was, bloot te oordeel na die boeke wat hy gelees het. En hy was ook nie sonder 'n sekere uitgeslapenheid nie. Hy het juis by my aangeklop omdat hy gehoor het ek is 'n boekmens, en wou van sy boeke aan my verkoop. Hy het die hele stapel daar gelos én ek het hom 'n kontantjie gegee. Later het hy die boeke weer kom opeis.

Ek en Berta Smit, 'n vriendin van my jeug en 'n bekende skryfster, het so af en toe na Abraham omgesien. Op 'n dag het hy aan my verduidelik dat ek hom eintlik nog geld skuld vir die boeke – terwyl hy hulle lankal weer kom haal het. Ek het my bloedig vererg en hom summier, briefies en al, die deur gewys.

Nie dat dít Abraham ontstel het nie. Ná 'n tydjie het hy maar weer begin bel, toe hy weer kon praat. Nadat hy in Johannesburg sy werk by die inrigting verloor het, het hy met 'n bos blomme in die hand by my kantoor kom inloer. Hy wou weet of ek nie by die koerant vir hom 'n werkie had nie – "al is dit net as bode".

Ek het hom aangestel, grootliks omdat ek hom jammer gekry en my persoonlike assistent gesê het: "Hy lyk so anders, so wêreldvreemd, so weerloos."

Hy het in die biblioteek gewerk, waar hy gou met die bibliotekaresse vasgesit het.

Wêreldvreemd of nie, en ten spyte van sy weerloosheid, kon hy soms liederlik opvlieënd raak. En hy was gedurig by een en almal in die skuld, grootliks omdat ander weer by hom geleen en hom uitgesuig het.

Later het ek hom sy eie kantoortjie gegee en laat navorsing doen. Sy stukke oor wêreldgebeure het gereeld, netjies gebind, op my tafel gelê. Diegene wat hom nie as 'n simpel gek beskou het nie, het hy soos 'n goeie slaaf gedien.

Toe die koerant 'n splinternuwe rekenaarstelsel kry, internet en al, was dit vir Abraham soos 'n droom. Hy het begin eksperimenteer. Teen saktyd een aand het die stelsel eensklaps "geblaas". Alles het stilgestaan. 'n Ramp vir 'n koerant waar elke minuut tel.

Die rekenaarmense het gesê dis eenheid vier-en-dertig wat die ineenstorting aan die gang gesit het – Abraham se rekenaar. Hy het daar gesit en peuter met die een of ander program.

Daardie aand het ek in die gang op hom geskree dat hulle my in Pretoria kon hoor. Abraham, toe gevorder van stom tot effe praatsiek, het teengestribbel. Hy het niks gemaak nie, het hy gesê. Hy het maar net sy werk gedoen. Laasgenoemde is altyd die handige verweer van 'n koerantman wat weet hy is in die groot "mulato" – die groot moeilikheid, soos die Tswanas sê.

Ná meer as 'n uur het die stelsel weer gewerk. Abraham het maar in sy kantoor geskuil. 'n Hele paar ander lede van die redaksie ook.

Op 'n dag het ek gesien dat Abraham swaar loop. Ek het hom laat roep en met hom daaroor gepraat. Hy was siek, behoorlik siek. 'n Ernstige hartkwaal was maar een van sy probleme. Sy eens jeugdige gesig was vervalle en effe geswel. Maar hy was getrou by die werk, altyd besig met iets, altyd op soek na goedkeuring, wat in die harde wêreld van 'n koerant maar min is.

Een aand het ek hom teen 'n voetgangerbrug sien oploop, moeisaam, seer, mank en gedaan. Daar loop volslae eensaamheid, het ek gedink.

Eendag het hy by my kantoor aangeklop om iets af te lewer. Hy het voor die lessenaar bly staan. Hy het iets op die hart gehad. Hy wou onder meer by my weet of hy darem iets vir die koerant beteken, want dit lyk nie vir hom so nie. "Meneer," het hy gevra, "vir wat lewe iemand soos ek? Ek het nie 'n lewe nie. Dis tog onsinnig."

Ek was onkant betrap deur die vraag en het hom die een of ander gemeenplasige antwoord gegee wat ek nie eens kan onthou nie.

Hy het 'n paar trane gestort.

Die dag toe ek aftree by die koerant het hy my hand lank vasgehou. Hy wou half verdwaas weet wat van hom sou word. Ek het probeer troos.

Hy het my gereeld gebel om my met verjaardae en feesdae geluk te wens, of sommer net te sê hy leef nog. My opvolger het nie baie van Abraham se manier van doen gehou nie en tersaaklike stappe gedoen om hom te laat afdank. Nie dat Abraham nie ook daarna gesoek het nie. Hy het byvoorbeeld 'n foto van my laat vergroot en dit voor sy oop deur geplak, waar die nuwe redakteur dit moes raaksien.

Abraham het regshulp vir sy saak gekry en my een aand gebel om te sê hulle het skaakmat bereik. Niemand moes Abraham onderskat nie.

Maar ek kon hoor hoe hy na asem sluk. Ons kort gesprek het uit meer stiltes as woorde bestaan, byna soos reg aan die begin, toe hy briefies geskryf het.

Hy was lang rukke in die hospitaal.

Ek het soms aan hom gedink, hoe sommige mense as vreemdelinge in die wêreld kom en dit as vreemdelinge verlaat. Hy het nooit werklik ingepas nie. En tog wou hy so graag 'n bietjie erken word.

Een oggend het Abraham by sy losiesplek nie uit sy kamer gekom nie. 'n Huishulp het onraad gemerk en gaan kyk. Hy het stil op sy rug op sy bed gelê met sy oë toe en sy hande oor 'n oop Bybel op sy bors gevou. Dit was duidelik: die laaste met wie Abraham voor sy heengaan in gesprek was, was God.

Maar God ... Was God besig om met Abraham 'n onsinnige spel te speel?

In *Tess of the D'Urbervilles* skryf Thomas Hardy oor dié jong vrou se tragiese lewe: "God se spel met Tess was klaar."

Ek aanvaar dit nie.

God hou Hom nie met bisarre speletjies op nie. Hy maak sy wette en bepaal die straf, en in Christus dra Hy dit self.

Ek het Abraham op 'n stralende someroggend in Johannesburg begrawe. 'n Handjie vol koerantmense en familielede het die diens bygewoon. Daar was mooi blomme op sy kis. In my rede het ek gesê ek is jammer dat ek op hom geskree het. Hy het dit altyd goed bedoel.

Want in sy lewe was hy 'n wêreldvreemdeling, 'n swerwer, 'n hoogs talentvolle mens wat nooit iewers 'n werklike staanplek gekry het nie. Maar hoe beny ek hom nie sy sinvolle en vredige dood nie.

Jy kán sonder jou kantoor bestaan

'n Jaar voordat ek as koerantredakteur uitgetree het, het ek allerlei oproepe en besoeke begin ontvang: verteenwoordigers van geldmaatskappye het my gebel, hoogs geïnteresseerd in waar ek my pensioen gaan belê en of hulle my dalk kon raadgee? Ek het besluit om maar by my ou makelaar te hou.

En uitnodigings na byderwetse seminare: 'n bekende sakeman wou hemel en aarde beweeg om my en my vrou by 'n "huweliksverrykingskursus vir aftrede" te kry. Hy het verduidelik dat aftrede 'n "skok" vir 'n huwelikspaar is, dat hulle as 't ware weer moet leer om met mekaar saam te leef en hoe om die tyd saam "kreatief" te bestee.

Onsin, het ek gedink en eenvoudig weggebly.

Daar was ook uitnodigings na optredes van populêre sielkundiges, in die trant van:

"Hoe om in jou goue jare jouself te vind."

"Hoe om jou nuwe ruimtelikheid te beleef" (wat dit ook al mag beteken).

"Hoe om jou nuwe werksvryheid positief te benut."

"Die groot draak van verveling."

"Om tuis te wees met geen kantoor om heen te gaan nie."

"Klerekasbeplanning vir aftrede." (Die gedagte is dat 'n mens moet pasop om nie later slegs in flenters rond te loop "en so jou selfbeeld te knak" nie.)

Ek het die uitnodigings een vir een in die snippermandjie gegooi. En ek het ook nie een van hierdie werklike en vermeende traumas beleef nie.

Tuis het ek en my vrou albei van lankal af ons eie ruimte. Ek het vir my 'n klein studeerkamer laat aanbou, waar ek werk en vriende ontvang, en sy het hare. Ons onuitgesproke afbakening het sommer so met die jare gebeur en is verder gevoer: die kombuis, die TV-kamer en die klein woonstel is hare.

Sy hou van TV, en ek gaan graag vroeg inkruip. Daarom is ons gesamentlike slaapkamer so 'n rapsie meer myne. Sy het een van die slaapkamers as haar aantrekkamer ingerig, en haar poppeversameling lê permanent breed op die bed uitgestal.

Die sitkamer, badkamer en suite, en die patio is ons albei s'n; die ekstra slaapkamer vir gaste.

Ons maak nie mekaar se pos oop nie, en krap nie in mekaar se kaste nie. Ons eet gewoonlik nooit saam brekfis nie, behalwe op reis, want soggens is ons albei se buie nie te waffers nie.

Verstaan goed, ons "territoriale verdeling" is nie 'n wet van Mede en Perse nie, dis meer 'n sekere aanvoeling en eerbied vir mekaar se privaatheid. Baie mense skud hul kop hieroor. Dit maak vir hulle nie sin nie, want alles moet tog gedeel word. Maar miskien is die "alles moet tog gedeel word"-houding die eintlike onsin.

Daar is oomblikke van stilte wat jy alleen wil beleef.

Daar is ou herinneringe, goed en sleg, wat jy soms soos ou boeke wil oopmaak en alleen die kiekies kyk.

Daar is worstelinge wat net jy alleen kan worstel.

Want ten spyte van alle samesyn bly daar in elke mens 'n bietjie eensaamheid. Jy kom alleen in die wêreld, jy gaan alleen uit hom uit. En tussenin – te midde van die geneentheid van familie, vriende en kollegas, en die geborgenheid van die huis en die werkplek – raak die eensaamheid jou soms aan en wéét jy skielik weer: ek moet die stilte gaan opsoek, eenkant, ter wille van balans.

Dié dinge werk 'n mens oor jare uit, en nie skielik voor jy aftree nie. Kahlil Gibran het met een van die lewe se groot waarhede vorendag gekom: "Allow the winds of heaven to blow between your souls."

Die beste sêding oor aftrede het ek gehoor by 'n oudkollega wat een aand 'n geselligheid van die koerant bygewoon het.

"En wat doen jy noudat jy afgetree is, Jan?" het ek ewe gevra.

"Niks," het hy geantwoord. "Ek doen niks. En laat niemand jou vertel dat dit nie lekker is om niks te doen nie."

Amen, sê ek daarop. Ek lees die koerante en vervies my elke dag meer. Ek lees die boeke wat ek wil, ek is weer hulppredikant in ons gemeente, ek reis en praat hier, daar en overal, ek gaan loop in die winkels en krap by die uitverkopings rond, ek gaan haal my peetkind by die skool, ek skryf wanneer ek lus het, ek gaan slaap wanneer ek vaak is en staan op wanneer ek wakker is.

Want dis onsinnig om jou lewe van jou kantoor afhanklik te maak. Dis onsinnig om jou siel aan jou werkplek te verkoop.

Met ander woorde: 'n Mens kán sonder die kantoor bestaan.

Ek het altyd geredeneer dat ek iets anders sinvol sou vind: al gaan preek ek ook in die straat. Die lewe is meer as jou kantoor of maatskappy of wat jy soms vroom jou "roeping" noem, en die wêreld is groter as jou huis of jou dorp.

Talle mense verkoop ongemerk hul siel aan hul maatskappy, hul werk, hul kantoor. Dit word hul stut. Hulle word naderhand bang om die geordende, bekende wêreld, waar hulle "iemand" was, te verlaat.

Dit het ek gelukkig vroeg besef. Dat dit tyd is om my stadigaan te begin losmaak van die daaglikse geharwar van die kantoor: al die gehardloop om betyds te wees vir die spertye, al die vinnige organiseerdery om eerste te wees met die nuus, al die gesnuffel en onderhandel om die storie agter die storie eksklusief te kry, al die sake-etes en skemerkelkies, die gereis in die besigheidsklas en al die vernames wat jou nader oor hul saak of opinie. Of wat jou probeer vermy as jy iets oor hul standpunte geskryf het wat hulle nie aanstaan nie.

Die koerant sou in die toekoms na 'n nuwe gebou verhuis. Ek het nie die beplanningsvergaderings met die argitekte bygewoon nie, maar my adjunk daarheen gestuur. Trouens, ek het my adjunk al hoe meer begin inspan. Hy was die man wat ek wou hê my moes opvolg, maar dit het nie so uitgewerk nie.

Gelukkig het ek min persoonlike besittings in my kantoor gehad. 'n Afdruk van Goya se Christus teen die muur en 'n Turkse mat op die vloer.

Ek het altyd gespot dat as hulle my die dag afdank – en dit gebeur met redakteurs – ek dadelik sou loop met die minste moeite: my aktetas in die hand, my Goya-Christus in die ander hand en my mat onder die arm.

Ek het my ook voorgeneem om wanneer ek die dag afgetree

het, nooit weer na my werkplek terug te keer nie. Mense en dinge verander en dis nie vir my nodig om weer my gesig daar te wys nie. Dié wat lus het, kan my bel of besoek.

Ek moet erken dat ek ná die amptelike aankondiging van my uittrede effe belangstelling verloor het. Die laaste paar maande was ietwat van 'n sloergang. 'n Mens is tegnies nog in beheer, maar sonder veel outoriteit om nuwe planne of debatte aan te voer. Die te wagte introspeksie het ook in die laaste maande gekom.

Was dit 'n sukses?

Wel, die redakteurstoel van 'n groot koerant is 'n ontsaglike avontuur. 'n Tydskrif ook. Veral as die publikasies se sirkulasie en invloed groei.

Maar sou ek dit weer doen?

Ek weet nie. Miskien, want daar wás groot oomblikke.

Een van die werklik groot joernaliste van die vorige eeu, Malcolm Muggeridge, met sy skerpsinnige insigte en bitsige humor, het in sy later lewe gesê die wêreld van die media is 'n vals wêreld. Dis 'n stelling wat mediamense sal laat stik, maar dis nie heeltemal onwaar nie.

Veral die koerantwêreld is dikwels een van oppervlakkige denke, vervlugtige waarhede en nog vervlugtiger lojaliteite. Soos die omgewing van mag, is dit soms skyn en onwerklik. Ek het gesien hoe mense om die vernames saamdrom soos vlieë om 'n oop konfytblik. En ek het ook gesien hoe daardie selfde mense dieselfde magtiges vir nuwe magtiges verraai.

Dis swaar om te aanskou, maar nogal versoberend.

Toe biskop Wolsey gedurende die Engelse hervorming sterf, het hy uitgeroep: "As ek maar my God gedien het soos ek my koning gedien het, sou Hy my nie hier gelaat het nie, nakend voor my vyande."

Ek dink dikwels daaraan en wonder. Maar een ding staan vas: Dit wat vir die mens gedoen word, is tydelik en verganklik. Dit wat vir God gedoen word, hoe nietig ook al, bly vir ewig.

Ek het die voorlaaste dag my paar persoonlike goedjies uit die kantoor verwyder. My laaste dag op kantoor het soos gewoonlik begin, met die nuuskonferensie. Die nuusredakteur het sy lysie voorgelê en ons het dit, soos die gebruik was, bespreek.

Maar toe die nuuskonferensie agter die rug was, het ek skielik daarvan bewus geword dat ek niks meer in my kaal kantoor te doen had nie. Ek het by my adjunk ingeloer en gesê: "Die koerant is nou in jou hande. Ek gaan net vir almal 'n handdruk gee."

Ek het met my ronde by die kantore begin om te groet. Sommige was aangedaan, party het probeer saaklik wees, 'n paar was heimlik verheug, hoewel hulle dit nie te duidelik laat blyk het nie. Toe het ek my tas in my kantoor gaan haal.

Ek het 'n tok-tok aan die deur gehoor. Een van die sleutelmanne van die koerant het ingekom, 'n fors jong man van wie ek dit nooit verwag het nie, maar wat ek as talentvol ervaar het. Tot my verbasing was hy aangedaan. Hy voel nou skielik alleen, het hy gesê. Hy wou net hê ek moet dit weet.

In die kelderverdieping is ek na die groot kantoor van die bodes. Hulle het blykbaar verwag dat ek na hulle op pad was, want almal was daar rondom die tafel. Hier het nog 'n verrassing op my gewag. Soos een man het hulle opgestaan, en daar was trane. Is dit so dat die eenvoudiges, hulle aan wie 'n mens die minste aandag gee, jou op die ou end met die grootste liefde beloon?

'n Paar van die bodes het my na my kar vergesel en die deur oopgehou.

Toe ek wegtrek, het hulle vir my gewaai. Die veiligheidswag het soos gewoonlik met die hand gewuif en die hek het opgeswaai.

Ek het uitgery in die helder Hoëveldse son. In my gemoed het 'n boek toegegaan. Ek was vry.

My huis met die lig
in die vensters

Doer in die jare sestig het ek my loopbaan as predikant begin.

Ek het 'n paar beroepe gekry en ons het koers gevat na 'n klein Suid-Kaapse dorpie met een sementstraat. 'n Meubelwa het ons huisgoed kom oplaai en die medeleraar het 'n plan van die pastorie gestuur. Ons moes net aandui waar wat moes kom; die gemeentevroue sou uitpak en regskuif.

Dit is 'n gebruik wat deesdae uitgesterf het.

Ook maar goed, want elke mens is privaat, en veral wanneer jy jonk is, is jy maar skaam vir jou besittinkies. Ek kan my net voorstel hoe hulle ons potte en panne beskou het, ons handdoeke en tafellinne, ons breekgoed en messegoed, en waar hulle oral verder geloer het. Mense bly maar nuuskierig.

Op die dag van die bevestiging het ons vir die eerste keer ons blyplek gesien, met die gordyne – meters van die goed – klaar gehang. My ouers het die gordyne betaal en my skoonma het ons R100 gegee om die eerste maand mee uit te kom.

Ons het byna verdwaal in die groot ou huis, wat volgens ou foto's een van die eerste geboue op die dorp was. Ons was tevrede, maar in 'n pastorie weet 'n mens tog altyd: dis nie jou huis nie. En die gees van die ou dominees van vervloë jare het swaar daar rondgehang.

Snags het die vloere in die groot vertrekke vreemd gekraak.

Ná 'n paar jaar is ons weer vort: dié keer na 'n tydelike blyplek langs 'n hotel. 'n Splinternuwe, ultramoderne pastorie was reeds in aanbou.

Oor die nuwe blyplek het ek selfs 'n gedig geskryf: "Pastorie" (uit: *Leitourgos*):

> wit huis met glas
> hortjie-mure
> crazy-paving

koel binnehof
met krismisrose
grasperk
struikgewas

wit huis waar klok tik-tok
ozite
air conditioner
deur schus
in binnekamer
metasystox
vir klimplante en rooispinnekop

wit huis met glas jy wys
iets van kristal
en goue strate
paradys
maar betlehem
se stal
wys na 'n kruis

Baie gemeentelede was teen die nuwe gebou gekant, en het by my kom kla dat die vorige leraar uiters spandabel was.

    Die ander dag het ek weer gaan kyk. Die huis lyk lankal nie meer so nuut nie, van die dakpanne lê skeef en daar is mos aan die mure. My voorganger was nie so dom of spandabel soos party van die gemeentelede gedink het nie. Die groot pastorie het R46 000 gekos, 'n bedrag waarvoor 'n mens dalk nog iewers 'n ouerige eenkamerwoonstel kan aanskaf.

    Ná hierdie weeldeverblyf is ons Kaap toe. Maar hierdie keer het ons die pastorie voor die tyd gesien: taamlik verwaarloos, met blou vloere van 'n soort rubbermengsel wat in die oorlogsjare in plaas van hout gebruik is. Daar was sulke groot vuilbruin kolle op, wat deur niks verwyder kon word nie.

    Die gemeente het 'n oortrokke rekening gehad en was aan die kerk bou. Ek was 'n maand daar toe die bank begin dreig om ons oortrokke rekening te kanselleer.

Tydens ons eerste besoek het die skribatannie 'n vorm na my uitgehou om te teken. Dit was die verklaring dat ek die beroep formeel aanvaar. Hierna was daar nie meer kans vir omdraai nie.

Ek het so effe gesluk en geteken. Die aand op pad huis toe het my vrou bitterlik aan die huil gegaan. Tuis het sy deur die gange van ons moderne pastorie geloop en die mure liefdevol aangeraak.

Om alles te kroon lui die telefoon dieselfde aand, kort ná ons tuiskoms. Net om te sê ek het nog 'n beroep gekry, na 'n gemeente waarvan ek lank gedroom het. Ons was sprakeloos, maar die koeël was deur die kerk, by wyse van spreke.

Die pastorie in die Kaap is mettertyd pragtig opgeknap, en ons het dit leer liefkry. Ook my verblyf in daardie gemeente was 'n avontuur en 'n voorreg. Wonderlike kerkraad, hardwerkende en liefdevolle gemeente.

Toe, nadat ek jare lank ook vryskutjoernalis en radioman was, is ek as redakteur van 'n tydskrif benoem. Vir my was dit 'n nuwe uitdaging.

Hierdie keer het daar nie weer 'n pastorie op ons gewag nie. Ons moes self huis soek. En ons het ook nie baie tyd gehad nie.

Ná 'n maand se rondkyk het ons die huis van 'n vorige redakteur gekoop. Ons eie. Maar vreemd genoeg het ek altyd die gevoel gehad: hier gaan ek weer wegtrek. Die plek het vir my vreemd gebly.

Nege jaar later word ek koerantredakteur in Johannesburg en weer vat ons die pad. Ons het geredeneer dat ons maar, weens stygende koste, ons huis sou behou, omdat ek ná my aftrede na die Kaap wou terugkeer. Vriende en kollegas het verskriklike stories oor inflasie vertel, en hoe ons nie weer 'n huis in die Kaap sou kon bekostig wanneer ons die dag wou terugkeer nie.

Niemand het daarvan gewag gemaak dat ons dalk nie weer sou wóú terugkeer nie. Johannesburg is mos 'n bose plek, veral vir 'n Kapenaar. Ons vriende het in Piet Cillié se huis in Bloubergstrand van ons afskeid geneem met 'n tema van "Liewer julle as ons". Dit was ietwat van 'n vergissing. Eintlik was dit onsin waarin ons geluk sou ontdek.

In Johannesburg aangekom, het ons eers 'n huis in 'n boomryke voorstad gehuur. Daar raak ons toe dadelik verlief op ons huurhuis. Maar weer: dis nie ons s'n nie, en ons mense het mos maar die nuk om "ons eie plekkie" te wil hê.

Nog 'n stukkie onsin, want dis inderdaad goedkoper om te huur as om te koop.

Toe soek ons maar weer 'n eie huis. Twee jaar lank.

En ek dink: Daardie huis wat met my praat as ek by die voorhekkie instap – dit soek ek. Hy moet sê: "Ons twee hoort saam. Komaan, koop my!"

Die soektog word 'n oefening in geduld. Ons blaai deur koerante se eiendomseksies. Ons besoek toonhuise oral rond. En ons leer die sielkunde van huisadvertensies.

Byvoorbeeld: "Historiese eiendom in Johannesburg met groot tuin wat 'n bietjie aandag vereis."

Pure twak.

Want die waarheid is dat die plek lyk asof dit in die Anglo-Boereoorlog onder die koeëls gesteek is. Die tuin is 'n woesteny met 'n swembad wat groen is van die slyk.

Of: "Heerlike hoofslaapkamer vir 'n knus liefdesnessie met die allerfraaiste kontinentale badkamer en suite waar die duifies saam kan bad."

Die feite: Die hoofslaapkamer het plek vir 'n kleinerige dubbelbed en, as jy gelukkig is, 'n stoel. En lees vir "kontinentale badkamer en suite" 'n ou gastetoilet wat met 'n skuifdeur aan die slaapkamer verbind is. Dit het ook 'n bad, een van daardie oues uit die ark wat party mense sjiek noem.

Of: "Hierdie droomhuis met sy outydse kaggel is strategies geleë, naby skole en die beste inkopiesentrums."

Lees: Die huis lê aan 'n besige straat waar die verkeer nooit ophou nie. "Outydse kaggel" beteken die skoorsteen rook binnetoe.

Maar ons het Johannesburg leer ken.

Op 'n keer het my vrou half sinnigheid in 'n netjiese huis gekry, en ek het 'n aanbod gemaak. Die mense was aan die verkas Israel toe. Hulle sê toe die aanbod is te laag en hulle kan baie meer kry.

Ons sê toe baie dankie, verkoop dit dan maar vir die beter

prys. Ná twee maande het die agent ons gebel en gesê ons kan dit teen nog heelwat laer as ons prys kry. Die eiendomsmark het oornag in duie gestort.

Dus: Moenie te haastig wees wanneer jy met ander kopers gedreig word nie. En natuurlik: Huur eers vir jou 'n huis en bekyk die stad of dorp uit alle hoeke. Enige stad het sy plekke waar 'n mens tuis voel. En enige stad het sy buurte wat jou nie juis pas nie. Elke woonbuurt het ook sy winskope. Wag maar net geduldig.

Ek het geweet in watter buurt ek wou woon, nie meer as vyftien minute van my werk af nie. Ek het ook geweet iewers wag daar vir my 'n huis. Die een wat met my sou praat.

Op 'n dag lui die telefoon en die agent vra of ons na 'n eiendom naby ons wil kom kyk. Die prys was ver bo ons vuurmaakplek, maar ons was nuuskierig.

En die oomblik toe ons die plek kry, in die straat met die koel jakarandas, begin iets in my roer. Ek stap by die voorhekkie in en die huis praat met my: "Koop my, jong! Ons hoort bymekaar."

Ons loop deur die "compact home", soos die eiendomsvrou die plek beskryf het. Dis taamlik deur huurders verwaarloos. En ons sê jammer, ons sal te veel moet bestee. Ons kan buitendien nie die koopprys bybring nie.

Maar dit word aand en ek bly onrustig. Asof die huis vir my 'n boodskap uitsaai: "Onderhandel, man. Maak somme. Ons hoort bymekaar."

Die volgende dag gaan kyk ons weer. Ons kibbel en onderhandel, drie weke lank. Hulle kom af met die prys. En ons teken. En begin verf en werskaf. En ons leer weer dat 'n verbeeldingryke verfkwas wonders kan verrig.

Toe verkoop ons ons huis in die Kaap. Ons het nog nooit eens weer daarlangs gery nie. Dis verby.

En in Johannesburg?

Wel, daar is paleise in die "miljoene"-klas. Groot huise, deftige huise, ghrênd huise. Jy kan ons s'n nie met húlle vergelyk nie. Maar ons bly nou al lank hier.

Soms kom daar by my 'n vreemde verlange na die Boland, so 'n gevoelte in die bors. Maar ons het ons huis vir ons reggemaak, soos ons dit wou hê. En nuwe vriende gemaak. En ons is gelukkig in ons kerk.

Ons opstêrs kennisse sê dis "'n oulike plekkie" of sê niks.

Ons gewone vriende sê dis "net reg" of "fantasties".

Ons huishulp betrag almal wat kom navraag doen, agterdogtig en sê: "Ons verkoop nie weer ons plek nie."

Ons kinders sê die "vibes" is reg.

Soggens vroeg sing en fluit 'n menigte voëls in die silwer berkebome, die katjiepiering, en die vier geelhoutbome.

Die ander aand, toe ek in die skemer van 'n afspraak tuiskom en my kar in die garage toesluit, kyk ek om. Die ligte gloei sag deur die groot vensters en die patiodeure. Dit weerkaats vriendelike patrone op die terracottaplaveisel. 'n Menigte paddatjies tjier in die tuin ná die reën.

Ek beleef die besondere gevoel dat ek tuisgekom het.

Toe praat die huis weer: "Sien, jy sê altyd jy het te veel vir my betaal. Maar ek is jou pasmaat. Wanneer 'n mens jou pasmaat gekry het, byt jy op jou tande en maak 'n opoffering hier en daar."

En toe knipoog my huis vir my.

'n Klein ruiker by 'n gedenkmuur

Lig maar die wenkbroue, maar Washington DC het van al die stede ter wêreld vir my die mooiste moderne monumente. Al langs die Potomac gedenk hulle hul geskiedenis en hul helde. Van George Washington se gedenknaald tot die Lincolngedenkteken met die indrukwekkende standbeeld van die ou president wat sy volk deur 'n burgeroorlog gelei het.

Maar die roerendste monument is die lang, eenvoudige muur van swart graniet, met die name van die derduisende gevallenes van die oorlog in Viëtnam.

Tot baie onlangs was die Amerikaners nog half oorhoops met hierdie monument. Dit was immers 'n oorlog wat hulle kon gewen het, maar tegnies verloor het; een waarin die landsburgers al hoe meer 'n weersin gekry het; een waarvoor hulle nou nog sondebokke soek.

Op pad na die muur moes ek juis 'n luidrugtige argument aanhoor oor wie destyds die besluit geneem het vir deelname aan dié "nuttelose" oorlog duisende kilometers ver. 'n Lywige Amerikaanse vrou het by die kiosk na aandenkings gekyk en met die verkoopster woorde gewissel.

"Dit was Eisenhower se skuld," het sy verbete volgehou. "Dit was die verdekselse Republikeine wat hul sakke met oorlogsgeld wou vul. Dit was g'n John F. Kennedy wat ons in Viëtnam laat beland het nie. Ons het al in 1959 soldate daar gehad, toe daardie Eisenhower nog aan die bewind was."

Amerikaners is soms ook maar heftig oor die politiek.

Ek was half lus om te sê: "En wat daarvan? Kennedy was eintlik die man wat militêre raadgewers op groot skaal ingestuur het. Sy Geheime Diens het die korrupte Suid-Viëtnamese bewind gedestabiliseer. Die koerante het almal tekere gegaan oor die slegte Viëtnam; dat iets gedoen moes word, veral met die heersersliek. Indien Kennedy nie vroeg gesterf het nie, sou hy die oorlog deurgesien het? En die koerante, sou hulle nog so op 'aksie' aangedring het, soos onlangs weer met Kosovo? Of sou Kennedy maar, net soos Lyndon B. Johnson, met die oorlog begin vasval het en op die ou end die blaam gedra het?"

Maar ek het geswyg. Dis nie my argument nie. My eie leiers het ook maar deeglik drooggemaak, terwyl hulle allerhande mooipraatjies gepraat en beloftes gemaak het. Van politici kan jy enigiets verwag.

Die mees tragiese van die oorlog in Viëtnam was egter die manier waarop die Amerikaners hul terugkerende soldate behandel het. By hul tuiskoms is hierdie mense nie juis soos helde behandel nie. Die meeste van hulle is teen hul sin opgeroep en na Viëtnam gestuur.

Sekere jong manne het hulle skaars gehou – soos onder andere president Bill Clinton, wat in Oxford gaan studeer en saksofoon gespeel het.

Maar dié wat gegaan het, het in 'n hel van 'n subtropiese oerwoudoorlog beland waar duisende gesterf het. Die bitterheid in die geledere van die Viëtnamveterane het nog nie afgeneem nie. Hulle moes die kastaiings uit die vuur probeer krap, wat feitlik onmoontlik was.

Nou is daar die groot swart grafmuur, getuie van 'n geskiedenis wat baie Amerikaners graag sou wou uitwis.

'n Man van sowat vyftig het my aandag getrek. Hy het by die muur gekom met 'n patetiese ruikertjie blomme. Sy oë het gesoek en tussen die name die een gekry vir wie die blomme was.

Met sy vinger het hy eers die naam beteuterd gestaan en bestryk. Toe het hy die nat papier om die ruiker afgehaal en die blomme voor die muur oopgepak. Een aster se kop was klaar afgebreek en hy het dit jou werklik waar vrugteloos aan die steel probeer terugsit. Was dit dalk onbewustelik simbolies?

Hy het die blomme in 'n reguit ry gerangskik. Toe bekyk hy dit weer 'n keer en ruil die binneste blomme met die buitenstes om. En weer. En weer. Alles terwyl hy gehurk sit met trane wat oor sy wange vloei.

Dis toe dat ek besluit het om te loop. Ek het gevoel ek maak inbreuk op iemand se persoonlike smart. Maar ek sal hom nie gou vergeet nie.

Wat was sy verhaal? Was dit 'n makker wie se naam hy gevind en met blomme vereer het? Of 'n vriend, of 'n broer? Hy self had immers die houding van 'n soldaat, en sy ouderdom klop met die oorlogsjare.

Ek raai dit was 'n makker, iemand met wie hy sy aan sy geveg het. Iemand oor wie hy onbeskaamd treur terwyl toeriste ongevoelig op en neer verbyloop. Nie dat dit hom kennelik gepla het nie. Dit was net hy en sy gedagtes. By die blinkswart muur het 'n gevalle soldaat weer in die gemoed van 'n makker geleef.

Toe die oorlog in Angola nog aan die gang was, het 'n moeder 'n brief aan my by die tydskrif geskryf. Haar seun het gesneuwel.

"Jóú seuns sal ouer word," het sy geskryf. "Hulle sal kinders hê. Dis mooi en goed so. My seun sal nie ouer word nie. In my hart bly hy ewig jonk. Ek sien hom soos ek hom gesien het die dag toe hy vir laas gegroet het, fier in sy uniform. En vanaf die ander kant salueer hy en glimlag hy."

Dit was een van die roerendste briewe wat ek ooit as redakteur ontvang het.

Ek het self twee seuns in uniform gehad tydens die oorlog in Angola. Ek het hulle in militêre vliegtuie na die front sien vertrek en gebid dat hulle weer moet terugkom.

Wanneer 'n mens van die militêre lughawe wegry en die groot vragvliegtuig met jou kind aan boord maak bo-oor jou 'n draai en kies koers na die noorde, roer daar iets verskrikliks in jou.

Ons praat min oor daardie tyd.

Oor sekere dinge moet die gras seker maar groei.

'n Veteraankoerantman het die oorlog in Angola "'n ligte mistykie" genoem.

Onsin, daar was niks ligs aan dié "mistykie" nie. Dit was 'n stuk geskiedenis wat feitlik elke huishouding tot in sy kern geraak het. Die afloop daarvan was die prediker se "alles kom tot niks". Soos die oorlog in Viëtnam.

Maar oorlog of nie, 'n mens moet so dikwels moontlik dink aan geliefdes wat weg is, hulle wie se name op die muur van jou hart geskryf staan. Sodat hulle 'n oomblik weer saam met jou kan leef, hier en nou.

Ongelukkig kan geen mens net by 'n gedenkmuur vir dooies bly leef nie.

Die lewe eindig ook nie net in mooi gedagtes wat geliefdes oor jou koester nie. Dood is 'n ander manier van sê daar word na 'n nuwe dimensie van lewe oorgeskakel, die ewige lewe waarvan Christus geleer het.

Hoe so 'n lewe sal wees, weet niemand nie.

Ek weet egter daar sal nie droewige gedenkmure en trane en patetiese ruikertjies wees nie. Dit sal nie nodig wees nie.

Want God sal in sy vertroostende heerlikheid daar wees.

Natuurlik is daar mense wat dit afmaak as "a pie in the sky when you die, bye and bye", bloot 'n mooi droom, pure onsin. Maar God beloof die ewige lewe in sy Woord.

As dit net 'n droom is, moet my dan nie wakker maak nie. Of liewer, laat God my eendag wakker maak tot watter werklikheid ook al. Want ek glo in Hom. Die res is 'n chaos.

DIE DANSENDE KERSVADERS

Ek het Amerika reeds in al sy seisoene beleef, maar verlede jaar wou ek weer sien hoe die blare rooi en goud en diep bruin verkleur in die "fall" in Nieu-Engeland, in die pronkbosse van Massachusetts en Maine.

Ek wou in die pikante winkeltjies op die dorpies aan die kus van Maine rondkrap en by Kennebunkport (waar oudpresident Bush vakansie hou) gaan "lobster" eet.

Dis mooi wêreld daardie, maar in die winter is dit sneeu en ys. Dit is juis hoekom die herfsblare daar so besonders is. In die winter is die hele Nieu-Engeland, vanweë die sneeu, uitgedor soos 'n woestyn. Die proses wat in plante en bome chlorofil vervaardig om die blare in die somer groen te laat vertoon, verander as gevolg van die lae temperatuur, en in plaas van chlorofil vorm suiker in die blare voordat hulle afval.

Omdat die blare hul vog verloor, laat die suiker die blare, na gelang van hul tekstuur, 'n menigte kleure aanneem. Dus: lieflike kleure uit die komende koue en dood. Eintlik 'n teenspraak, 'n weerspreking, soos so baie dinge in die lewe.

Ons het dit eers oorweeg om per trein of motor te reis, maar uiteindelik op 'n bustoer besluit. Want ons het gehoor almal is tevrede met die betrokke maatskappy en alles is so gerieflik. Daarby het 'n soortgelyke lekker ervaring in Griekeland ons gunstig gestem.

Ná 'n kort verblyf in die historiese Boston klim ons toe op 'n bus wat langs die Noord-Atlantiese kus koers kry tot in Bar Harbour. Die "tour director" was die gulheid self, ongelukkig daardie soort olierige vriendelikheid van 'n gewillige gees en te veel vlees. Maar ons ry.

Voor ons het 'n beterweterige kêrel van Noord-Carolina gesit, 'n afgetrede amptenaar van 'n sigaretmaatskappy wat aan almal om hom lesings gegee het oor waar hy al oral was. Sy Turkse vrou het maar geswyg, waarskynlik lankal doodgepraat. Aan my het hy verduidelik dat hulle in Amerika nie veel van die media dink nie;

koerantmense word, volgens meningspeilings, minder vertrou as verkopers van tweedehandse karre. Teen statistiek stry ek nie.

Agter ons het 'n middeljarige paartjie gesit, die vroutjie met sulke drade tussen die tande. Sy het lopende kommentaar gelewer oor alles wat by die bus se ruite verbygeflits het. Op die trant van: "Oh, my gosh, there is a yellow and red tree." "Oh, my gosh, there is a little stream." "Oh, my gosh, there is a covered bridge." "Oh, my gosh, it's raining." "Oh, my gosh, there's McDonald's."

Sy en haar man was altyd laat by die opklimslag, maar nooit laat by die broodrolletjies en ham nie.

Dié toertjie was maar van die goedkoop soort – hoe anders met ons rand? – en bloot 'n voorspel tot ons verdere reis, onder meer na vriende in Tennessee. En eintlik was ons te vroeg in Oktober vir die laaste herfs van die millennium, wat laat was. Tog, by Lake Placid, in die staat New York, was pragtige bome in geel en bruinrooi, maar ons het selde by sulke bosse stilgehou.

Die bus het ore in die nek van die een uithoek na die ander gery en gestop op plekke waar die toermaatskappy seker een of ander reëling met die sakemense het. Meermale het ons doer buite 'n dorp oornag om dan weer doer aan die ander kant van die dorp te gaan eet.

Een aand in 'n hotel se eetkamer het Rina gehoor hoe 'n verversingsbestuurder aan 'n kollega sê: "We handle three groups per night in our restaurant. As soon as we get rid of this old lot, the next bus moves in."

Net daar het ons besluit: dis ons laaste bustoer. Volgende keer terug na die ou paaie. Reël jou eie verblyf, en klim op die trein.

Terug in Boston het ons dadelik afgeklim. Ons wou op ons eie gaan rondloop en een van die historiese kerke besoek voordat ons ons reis op ons eie voortsit.

Ons het 'n diens in die eeue oue North Church gaan bywoon. Die predikant was op sy stukke en het gepreek oor die wonder van die val van die mure van Jerusalem. Sy tema: Eers nadat die Israeliete in die geloof op 'n oorwinning geskree en gejuig het, het God die mure laat tuimel. Ons wil dit andersom hê: God moet eers die mure laat tuimel en dan skree ons van verbasing en agterna-geloof.

Dit was die preek. En dit het my geroer. Want dit beskryf presies my en Jan Alleman se omgekeerde soort geloof en onsinnige eise aan God.

Daardie middag eet ons in die Quincy Market, die paradys van eetplekke en penswinkeltjies. Maar 'n mens ontsnap nie aan jou "verlede" nie. Kort-kort kom klop 'n gewese toerbusmakker ons op die skouer (hul stadsbesigtiging was nog aan die gang) om te sê: "We saw you from the bus and we waved, but you didn't see us."

Amen.

Later staan ek vir Rina en wag. Agter my sê 'n stem: "A merry Christmas to you." Ek draai om, net betyds om verbaas te sien hoe 'n speelgoed-Kersboom sy "oë" oopmaak en weer met 'n groot mond sê: "And have a nice day." Toe begin twee Kersvaderpoppe langs die pratende Kersboom hul groot agterstewes in rooi jasse wikkel en dans op die maat van musiek.

Omdat klein dingetjies klein verstandjies amuseer, het ek my aan hulle staan en vergaap. Tot ek agter my hoor: "Oh, my gosh, these two Santas are dancing."

Raai wie?

Toe staan ons maar saam-saam en lag.

En terwyl ons lag vir die manewales van onsinnige poppe, dink ek: Eintlik is hulle doodgewone, ordentlike mense. Dalk is die lewe vir hulle 'n veel groter avontuur as vir my, wat soms maar 'n suurknol is. Hulle het die kinderlike gawe in oormaat om, selfs oor absurde dinge, opgewonde te raak en te geniet.

Twee onsinnige Kersvaderpoppe moes my tot dié insig bring.

Ons het vrolik gegroet en elkeen weer sy eie koers ingeslaan.

Net 'n paar tree, toe hoor ek: "Oh, my gosh, there is a man with a fish on a stick."

Ek het aangeloop sonder om om te kyk.

Troos uit 'n konsentrasieplek

Stel jou voor dis oorlog. Stel jou voor jou man is op kommando, en op die plaas is dit net jy en jou klein kinders. Dis die jaar 1901, so om en by Julie.

Stel jou voor 'n afdeling berede Britse soldate kom skielik daar aangery. Jy word 'n uur gegun om jul nodigste besittings in te pak. Jy kan redeneer, maar die luitenant sê jy en jou kroos gaan konsentrasiekamp toe en klaar.

Wanneer jy haastig gepak het, kom die soldate, steek jou huis aan die brand, die hooimied ook, en slag die beeste vir kos. Wat hulle nie kan opeet nie, los hulle net so, want die vegtende Boerekommando's moet van alle kosvoorraad afgesny word. Jy en jou kinders word op 'n wa gelaai en na 'n spoorweghalte gebring, waar jy saam met honderde ander vroue en kinders in oop treinwaens ingedruk word.

Die treinrit duur drie dae. Rondom jou klou kinders verskrik aan hul ma's. Daar is nie toiletgeriewe op die trok nie en nêrens word stilgehou nie.

Julle word afgelaai by 'n "plek van bewaring". Jy en ander vroue en jul kroos deel 'n tent agter doringdraad. Jy verstaan nie Engels nie, maar daar is van jou volksgenote wat tolk en die vyand help as "opsigters". Hulle, die joiners, sal jou nog slegter as die Britse soldate behandel.

Aan al hierdie dinge het ek gedink toe ek 'n tydjie gelede tydens 'n stofstorm op die plaas Doornbult na Rina Wiid staan en luister. Sy ken daardie geskiedenis. Haar plaas was die terrein van 'n konsentrasiekamp. In die klein museum is honderde foto's en aandenkings wat die geskiedenis in al sy verskrikking vertel.

Rina en haar man het die plaas Doornbult, naby Hopetown aan die Oranjerivier, 'n paar jaar gelede gekoop. Sy het intens begin belang stel in die talryke reste van die konsentrasiekamp wat feitlik ongerep oorgebly het. Van die een-en-veertig kampe is dit die enigste in privaat besit. Sy katalogiseer en merk en bewaar alles op die terrein, en speel gids vir besoekers.

Vanweë die plaas se strategiese ligging is sestien duisend Britse soldate tydens die Anglo-Boereoorlog hier gehuisves. Die skanse van gekapte klip staan nog, die kanonpaaie, die boeliebiefblikkies in die grond waaraan die soldate hul modderstewels afgevee het, die groot kaal kolle waar die tente gestaan het, ou gebreekte bottels.

En natuurlik die konsentrasiekamp. Dié terrein ken jy maklik uit aan die rye en rye grafte, meesal dié van kinders. Die Wiids het die kerkhof omhein en die grafte netjies gemaak, maar hulle ontdek steeds meer.

Die primitiewe hospitaaltjie staan nog waar, volgens rekords, almal met dieselfde soort groen medisyne gedokter is. Die put is nog daar, ver, waar die vroue moes gaan water skep. Oral lê patroondoppe, primitiewe selfgemaakte instrumente. Daar is selfs nog oorblyfsels van vuurmaakplekke.

Die vroue en kinders het geen seep ontvang nie en moes van die asbosse kook om mee te was. Dus is die storie in 'n Engelstalige koerant dat die Boerevroue gesterf het weens hul onhigiëniese leefwyse, loutere onsin.

Verbeel jou jy het geen seep nie; water word gerantsoeneer tot een emmer per gesin per dag; mense is siek en sterwend, van jou eie kinders ook.

Hulle moes in daardie kaal wêreld sorg vir hul eie hout, wat hulle moes aansleep op 'n primitiewe soort slee. Die winter van 1901 was glo die kwaaiste in jare. Koue en reën. Alles was nat, en die vroue moes besluit of dit buite beter was as in die pap modder in die tente. Dit was ons voorouers se bitter uur.

Daar was daardie tyd baie mense, volksgenote, wat gesê het die Boere moet die oorlog staak. Die prys van lyding en verliese was te hoog. Dit was onsinnig om met die stryd voort te gaan. Daarom het hulle óf die wapen neergelê (die hensoppers) óf hulle as National Scouts by die Britse magte gaan aansluit (die joiners). Hulle het goeie argumente gehad, argumente wat sin gemaak het. Hulle het na die werklikheid gekyk en besluit die kool is die sous nie werd nie.

Maar die vroue op Doornbult se vlaktes, die vroue wat feitlik elke dag met siekte en dood en honger en koue te doen gehad het, het anders gedink. So ook hul mans, wat op kommando was.

Hulle het die "onsinnige" oorlog verloor, trouens, hulle het feitlik alles verloor, maar hul selfrespek behou. Dis die vreemde troos van so 'n konsentrasieplek.

My ouma De Villiers was ook in so 'n helkamp – by Irene – met my pa en sy tweelingsuster, toe twee jaar oud. Wonder bo wonder het hulle dit oorleef. 'n Bababoetie het dit nie gemaak nie.

Hulle is verslaan, maar nooit verneder nie. Hulle kon hul koppe hoog hou. Daar was bitter gevoelens tussen hulle en die hensoppers, gevoelens wat eers ná geslagte verdwyn het en nou nog af en toe opgehaal word. Lang jare is die name van die hensoppers en joiners in die argiewe dig gehou. Sekere volksleiers was glo skaam vir hul voorvaders, bitter jammer dat hulle eerloos die handdoek ingegooi het.

As 'n mens by Doornbult langs ry, moet jy daar stilhou. Dit roer 'n mens soos min ander dinge jou kan roer. Dit laat jou trots voel op jou afkoms en jou mense.

Die kamp is maar 'n hanetree van die grootpad naby Hopetown. En as jy daar kom, hoor jy dalk op Doornbult se vlakte waar die tente gestaan het, die snik van 'n vrou in die treurende wind. En dan dink jy ver.

BEGRIP TUSSEN BLOMME EN APIES

Een Vrydagmiddag gaan stap ek en my oudste seun, Louis, in die Johannesburgse Dieretuin. By die hek sê ek vir die vrou in die kaartjieskantoor ek bring my kind dieretuin toe. Sy skud van die lag, want ek is in die sestig en hy in die dertig.

Toe ons so al met die paadjies na die ape en bere se hokke loop, vra ek hom: "Onthou jy nog hoe dikwels ek julle na Mosselbaai se parkie geneem het, jare gelede toe ek daar naby predikant was?"

Ja, hy onthou.

"En dat jou lewensideaal was om eendag 'n parkopsigter te word wat blomme plant en die apies oppas?"

Ja, dit onthou hy ook. Hy was immers heel gretig toe ek voorstel dat ons in die Johannesburgse Dieretuin gaan stap.

"Om die waarheid te sê," het hy gefilosofeer, "ek dink nie die parkopsigter het 'n sleg jop nie. Duisende stadskinders leer immers hier hoe 'n olifant of 'n kameelperd lyk. Dit maak hulle 'n bietjie bewus van natuurbewaring. Ek het al baie keer gedink of ek nie by die Wêreldnatuurfonds 'n jop moet gaan soek as ek die dag moeg is vir myne nie."

Sy opmerking was nie vreemd nie. Hy kon nog skaars praat, toe kon hy al die diere in ons diereboeke uitwys. 'n Paar jaar wou hy net oor leeus en renosters gesels.

Toe skielik was dit rugby, rugby en nogmaals rugby, van die môre tot die aand – tot rugbyskryf sy brood geword het.

Terwyl ons so van hok tot hok stap, het ek daaraan ook gedink. Hoe ek en John Gainsford en Augie Cohen op 'n dag op Coetzenburg gaan rugby kyk het. Louis was seker so twaalf en het gesoebat om saam te gaan. John was 'n senior WP-keurder, en hulle het 'n agtsteman gesoek.

Drie kwart deur die wedstryd het Louis aan Gainsford se baadjie getrek: "Oom John, soek oom 'n agtsteman vir WP? Kyk daar na Stellenbosch se flank."

John het gekyk, die naam op die program gesoek, en 'n merkie gemaak. Die flank was Rob Louw.

Maar terug in die hede: ons het gaan tee drink by die groot swempoel van die spelerige, raserige robbe en seeleeus.

Ons het oor dit en dat gesels terwyl my gedagtes aanhoudend ver en wye draaie gegooi het. My hare is nou spierwit; syne al sterk aan die grys word.

Daar was tye dat hy gedink het ek is 'n onbegrypende, tirannieke ou stuk twak. Ek kon dit in sy oë lees. Daar was kere dat ek gedink het hy is 'n opstandige en onmoontlike jongeling. Ons moes leer dat ons elkeen ons eie mens is, en mekaar so aanvaar en bly liefhê.

Dit het my laat dink. Waar loop ouers en kinders se paaie uiteen? Myne seker toe my werk alles was en ek soms nie eens die tyd gehad het om hul skoolkonserte by te woon nie. Hy het my eendag my "druk program" verwyt.

Toe ek hom as redakteur 'n werksaanbod doen, wou hy dit eers nie aanvaar nie. Die sportredakteur moes hom ompraat met die argument dat hy self ook vir sy pa gewerk het, en dat hulle tog reggekom maar uit mekaar se pad gebly het. Daarna het hy by my kom sit en sy voorwaardes gestel. Man teenoor man; g'n niks pa en seun nie. "Take it or leave it."

Maar dis lankal verby en ons albei het versag.

Hoekom moet daar dikwels eers soveel onsinnige verskille tussen ouers en kinders ontstaan voordat hulle mekaar op 'n manier probeer begryp? Miskien het dit te doen met jong ouers wat angstig en besig is om vooruit te kom, en jong kinders wat afgeskeep voel.

Hy het my daarvan verdink dat ek hom nie liefhet nie, wat nog te sê begryp. Omdat hy en ek so totaal oor baie dinge verskil, het ek hom daarvan verdink dat hy hom spesiaal teenoor my gestel het as 'n soort uittarting. En dit was onsin. In albei gevalle. Eintlik het ons na mekaar gesoek en geroep, sonder om dit te weet, en sal ons altyd na mekaar bly roep, al gebeur ook wat.

Toe ek aan die einde van ons dieretuinmiddag oor 'n los baksteen struikel, het hy my arm vasgegryp en my orent gehou. Hy is skraal gebou, maar hy is sterk.

By die hek het ons mekaar 'n drukkie gegee voordat ons in die motor geklim het huis toe.

Skielik het ek gewens hy en sy broer was weer klein; dat ek dit weer kon doen, anders doen. Ek is jammer dat ek hulle soms verwaarloos het. Maar op hierdie middag was ons weer by mekaar soos lank tevore, by die apies en die kameelperde en die robbe, terwyl die sagte Hoëveldse winterson stadig afgesak het weste toe.

Die sanger wat ons verryk het

Op 'n aand, op pad na vriende, luister ek soos gewoonlik na die voortreflike Classic FM-radiostasie, wat in Johannesburg en omstreke uitsaai. Hulle speel 'n opname van die beroemde bas Ezio Pinza, en dit roer my.

'n Stem soos ryk fluweel, diep en dramaties, suiwer soos die basnote van 'n barokpyporrel.

Ek het gesit en dink aan al die groot basstemme van die verlede: die groot meester Fjodor Sjaliapin, die Afro-Amerikaner William Warfield van "Ol' man river"-faam, en, natuurlik, Boris Kristoff, talle mense se gunsteling.

Wat 'n gawe is so 'n stem nie, en, ongelukkig, wat 'n rariteit. Jammer, maar een so 'n basstem is vir my tien Pavarotti's werd.

Miskien is ek bevooroordeeld, ook as boetedoening vir 'n sonde van my vroeë kindertyd. Sien, een van ons bure in die Paarl was 'n sanger, 'n basbariton genaamd John Louw. Soggens vroeg het hy sy toonlere geoefen. Dit het geklink soos 'n leeu wat brul: Brôôôm ... suuut ... braaa ... aaa ... haaa ... Toonlere is nooit danig luisterbaar nie.

Maar ons sanger-buurman was g'n amateur nie, hoewel sy oefenry ons spul kulturele filistyne gemartel en geamuseer het. Soms het ek en maats voor sy huis gestaan en aanmerkings maak. Soos: "Hoor hoe bulk die bul." En: "Koes, dit klink of hy groot maagpyn het." En dan lag ons en hardloop weg.

Waarom, het ons gedink, sou 'n groot, fris, uitgegroeide man sulke onsinnige geluide maak? Dink hy nou regtig dis mooi? Die liedere wat hy soms deurgesing het, het ons laat dink dat hy seker 'n grap maak. Dit was in 'n taal wat ons nie verstaan het nie. Ons het eerder die liedjies van die "Vyf Vastrappers", die "Straatsingers" en die "Andrew Sisters" verkies. Dit was tog musiek!

Sy Hollandse vrou het ons eendag op heterdaad betrap en ons vriendelik gemaan om nie so onbeskof te wees nie.

Toe ek 'n bietjie ouer word, het ek skielik begin luister. John Louw het 'n kragtige stem gehad, van besonder liriese gehalte, effe ligter as 'n bas. Dit het hom in staat gestel om 'n groot verskeidenheid liedere te sing.

Hy het hier, daar en oral in die Boland opgetree, seker maar vir 'n koek of 'n kissie druiwe. Sy brood het hy verdien as dosent aan die onderwyskollege.

Hy het 'n ou Fordkar gery en soms op pad huis toe stilgehou om my op te laai. Hy het heelpad gesing en net met 'n handgebaar tot siens gewuif wanneer hy my aflaai.

Sondagoggende was hy gereeld op sy pos langs die orrel in die Paarlse Toringkerk. Dan het hy met begeleiding van John Enslin solo's gesing terwyl die kollekte opgeneem is. Sy stem het die groot kerk gevul, hoewel hy moes meeding met die irriterende geplienkeplienk van munte in die kollektebordjies. (Laat geen klipsteen vandag vir my vertel die kerk het geen kultuurtaak nie.)

John Louw was die hoeksteen van 'n uitmuntende kerkkoor en later 'n prominente lid van die Paarlse Mannekwartet, in die dae toe daardie dorp nog sy eie simfonieorkes onder leiding van oom Aldert du Toit gehad het.

Eendag het die sanger my weer 'n geleentheid aangebied. Hy het stilgehou en sonder 'n woord die deur vir my, 'n seun, oopgehou. Dié dag het hy, soos gewoonlik, nie gesels nie, maar hy het ook nie gesing nie. Dit het gelyk asof hy hartseer was met 'n groot hartseer.

Hy het ouder gewoonte vriendelik gewuif toe ek uitklim, maar daar was 'n nattigheid in sy oë. Waarom het ek nooit geweet nie, en dis tot vandag toe nie my saak nie. Die volgende oggend het hy soos gewoonlik sy toonlere geoefen, en dit het my lekker laat voel: John Louw sing uit volle bors, en die wêreld is weer reg.

Nadat ek weg is uit ons straat het ek hom een aand oor die Afrikaanse sender van die SAUK hoor sing. Hy het my voor die radio gehou soos Ezio Pinza die ander dag. Ek twyfel of daar ooit van hom 'n plaat gemaak is, soos van elke onsinnige Jan Rap-sanger wat deesdae sy of haar "siedie" propageer en dan die kitaar begin slaan.

Sy dogter het aan my geskryf dat net een opname van haar pa se sang bestaan. Maar die gehalte is glo so swak dat hulle dit maar ewe goed nie kon gehad het nie. Nou kan sy maar net vir haar kinders vertel dat hul oupa 'n wonderlike sanger was, 'n ware kunstenaar.

Sy vertel dat hy op 'n aand skielik 'n hartaanval gekry het. Hy is beveel om te rus. Dit was glo nie maklik nie.

Hy het mooi aangesterk en een Saterdagaand gesê hy het lus om vir hulle te sing. Hy het glo feitlik sy hele repertoire deurgesing. Die gesin was in vervoering; hul pa was weer gesond.

Daardie nag het hy gesterf.

Maar wanneer ek my oë toemaak, hoor ek die Sanger en kom daar by my 'n vreemde verlange op: nie net na 'n gelukkige jeug nie, maar ook na die man wat my lewe vroeg met sy lied aangeraak het.

John Louw, min erken in vandag se terme, het 'n gemeenskap verryk en God vereer. En dit is mos waaroor die lewe gaan.

KLEIN RAMPIES, KLEIN VREUGDES

In die hittige somer, twee jaar gelede, vertrek ek per motor op 'n toespraaktoer deur die land.

Oor die oop Vrystaatse vlaktes stoot ek lustig aan na my eerste bestemming anderkant Colesberg. Maar op 'n breë stuk reguit pad stop 'n verkeersman my. Toe maar, dog ek, toe ek laas gekyk het, was dit so honderd-en-veertig. En die spoedmeter is na my mening tien kilometer per uur te vinnig.

Die konstabel kom vra: "Het die meneer 'n rede om so vinnig te ry?"

Ek sê nee, ek is eintlik baie versigtig, maar die kar hol partykeer onder my uit. "Ja," sê hy filosofies, "ek hoor. Maar kom kyk maar hoeveel meneer gery het."

Ek gaan kyk toe op die klein radarskerm. Laat my volstaan deur te sê my kar se spoedmeter was heeltemal korrek. Niks stadig nie, niks vinnig nie, bloot in die kol. Die verkeersman preek vir my soos 'n dominee, en ek luister met verskuldigde eerbied. In so 'n gemors stry jy nie.

Toe sê hy: "Meneer De Villiers, ek ken u van u foto. U het vir baie mense in die koerant geskryf, en ek het dit gelees. Ek het altyd vir my mense gesê u weet waarvan u praat. Nou praat ék, en spoed is verkéérd, meneer. Die boete is R350."

Ramp nommer een, maar hy kon my nog harder geslaan het.

Toe ons ewe beteuterd weer in die pad val, was dit teen 'n bedeesde honderd-en-twintig.

Op Jansenville praat ek die aand by die Vroue-Landbou-Unie se sirkelkonferensie. Ons staan onder 'n rangskikking met brandende kerse. Ek waarsku nogal die vroue wat te na aan die kerse staan, die kersvet sal op hul mooi uitrustings drup.

Toe gaan plak ek myself onnadenkend daar neer. Weldra was dit kersvet op my donker pak se skouer, rug, mou en broek. Almal het afgekrap en rate gegee. Die vet sou egter deeglik met bruinpapier uitgestryk moet word. Ramp nommer twee.

Ons kies koers verby Port Elizabeth, weer mooi stemmig. In die buitewyke van Knysna ry ons nóg stemmiger. Dis plekke wat gewoonlik wemel van verkeersmanne en spoedlokvalle. 'n Rammelkasbakkie kruip voor ons teen die bult uit. Die agterwiel skop 'n groot klip kaplaks! teen my kar se voorruit, en die barsies begin sprei.

Klak! kraak dit 'n entjie verder, en die bars kry sy loop oor die ruit soos 'n groot gekreukelde ster. Ramp nommer drie; en ek begin so effe versuur. Dis buitendien warm, en ek teem oor waarom ek so 'n lang rit in die somer aangepak het, en waarom klippe altyd teen mý kar opspat en waarom verkeersmanne altyd net vir mý wag.

Op Wildernis het 'n man van 'n glasfirma met sy toorgoed die barste gelap. Want, het hy gesê: "Ons kan 'n nuwe ruit insit, maar met jou soort simpel geluk gebeur dieselfde ding dalk weer voor jy tuis is."

Amen.

Op Prins Albert staan die kwik naby veertig grade en die aand van my spiets trek ons baadjies uit. Die toespraak was nie een van my beter pogings nie, en die gehoor was beleefd maar verveeld.

Agterna moet daar 'n foto geneem word, en ek trek per ongeluk die burgemeester se baadjie aan wat soos myne lyk. Toe ek my fout agterkom, gee ek sy baadjie terug en kry myne, waar dit iewers oor 'n stoel hang.

Geen ramp nie, maar die volgende oggend is my beursie weg. Kaarte, kontant, die hele spul. Ek is nie te onrustig nie, want ek verbeel my ek het dit die vorige aand vir Rina gegee om te hou. Maar op daardie oomblik is sy besig om die plaaslike Wêreldbiddag vir Vroue toe te spreek.

Toe hulle gaan tee drink, loop ek haar by met: "Jy het seker my beursie?"

Nee, sy had nie my beursie nie. Ramp nommer vier.

En toe begin ons soek. In alles en deur alles. My bloeddruk styg. My hart is so onstuimig soos 'n jong vryer s'n. En ek kry gedagte aan die baadjies: dalk het ek dit in die burgemeester se sak gesit.

Ek en ons gasheer gaan soek hom, van die munisipale kantoor

tot by 'n verkiesingskantoor, maar hy is nêrens nie. Ons ry op en af in die strate.

Toe maar weer na die burgemeester se huis. En net toe ons die voordeurklokkie lui, bel Rina op my selfoon om te sê sy het die beursie by my Bybel onder die beddeken gekry.

Later vat ons die lang pad in die hittegolf huis toe. Ek sit en wonder oor die volgende teenspoed. Hulle kom glo in drieë of vywe. Pure bygeloof, pure onsin. Maar soos die psalmis is my hart nog steeds "bitter in my gestem".

Toe skiet 'n storie my te binne: een wat John Wesley, die groot hervormer, vertel het. Wesley het Brittanje te perd deurkruis – in wind en reën, in hitte en koue. In sy lewe het hy veertig duisend kilometer te perd afgelê, of gestap. Hy het nie omgegee waar hy gepreek het nie. Waar mense bereid was om te luister, het hy die Woord gespreek.

Toe bly hy een nag by 'n Walliese boer oor. Dit was bitter koud en die boer het in die vuurherd 'n vuur aan die gang probeer kry. Maar soos dit soms met vuurherde gaan, veral wanneer die wind verkeerd waai, het die rook die vertrek ingeborrel. Die boer het hom bitterlik vervies en op die vuurherd geskel.

Wesley het die spulletjie doodstil gesit en beluister en bekyk.

Die boer het hom stikkend in die rook tot Wesley gewend: "Prediker, jy het vanaand gepreek oor 'n mens se kruis. Nou ja, hierdie rokende vuurherd is mý kruis!"

Waarop Wesley opgemerk het: "Inderdaad? Dan dra jy maar 'n klein kruisie, my vriend. Val op jou knieë en dank God dat jy net 'n rokende vuurherd as kruis moet dra. Vra Hom tog om dit altyd so te hou en jou van ware kruise te bewaar."

Die boer het baie skaam gekry en Wesley om verskoning gevra. Met 'n bietjie geduld het sy vuur spoedig begin brand met weinig rook in die vertrek. Wesley, 'n kenner van mense, het niks verder gesê nie. Die man het geweet sy gejammer en geklaag was onsin.

Soos my eie irritasie en geteem oor al my "rampe". Want eintlik was daar niks wat nie redelik maklik opgelos kon word nie. Bloot klein irritasies waarin ek my, soos 'n ou neuroot, begin verlustig het.

Toe ons die Witwatersrand in die verte sien, het koel reënbuie begin uitsak. Tuis het ons uitgelate in die groot druppels uitgepak. Skielik was alles mooi.

Want eintlik was dit 'n lekker ervaring, vol klein vreugdes, tussen aangename en gasvrye mense.

Min wat die moeite werd is, is immers moontlik sonder 'n bietjie moeite, 'n bietjie uithou, 'n bietjie werk, 'n bietjie lag, en 'n klein ramp of twee – of selfs vier.

Buitendien: elke minuut wat 'n mens geïrriteerd is, verloor jy sestig sekondes van geluk.

Goue dag, goue herinnering

Daar is 'n pragtige legende van 'n Chinese keiser wat, omdat dit 'n legende is, sy volk goed geregeer het.

Die dag toe hy die troon bestyg, het hy sy howelinge versoek om vir hom 'n besondere boek te laat maak: een met 'n breë omslag en blaaie van suiwer goud.

In hierdie goue boek moes hulle sy goue dae opteken. Dit moes gelukkige dae wees, dae waarop hy gevoel het die son skyn net vir hom.

Daar was egter 'n voorbehoud: dit moes geen feesdag of gedenkdag wees nie. G'n staatsbankette of verjaardae nie. Dit moes net gewone dae wees, maar dae wat vir hom so verruklik was dat wanneer hy gaan slaap het, hy kon sê: "Dit was 'n goue dag. Teken dit op."

Baie dekades later, toe die keiser op sterwe lê, het hy sy howelinge gevra om sy boek te bring en te lees van al sy goue dae. Tot sy verbasing was daar net agt. Hy het gedink daar was veel meer, maar hy was tevrede, omdat die syfer agt vir die Chinese groot geluk beteken.

Hy het aandagtig geluister terwyl hulle al die gebeure van sy handjie vol goue dae voorlees: hoe hy een hele dag saam met 'n klompie kleinboere in die Geelrivier visgevang het; hoe hy een dag self sy eie klein roostuin geplant het; hoe hy een dag op die Groot Muur gaan wandel het en ver kon sien; hoe hy en die keiser van Japan op 'n dag van samesprekings weggeglip, onder 'n boom gesit en ginnegaap en later sommer agter hul neus aan geloop het totdat hul onthutste amptenare daar 'n stokkie voor gesteek het.

By die aanhoor van al hierdie gewone dinge het die keiser soms 'n traan afgevee. "Dit was mooi. Dit was goed," het hy gesê.

Die howelinge, omdat hulle vir hom lief was, het laag gebuig. Maar eintlik het hulle gedink dat dit gewoon was, alledaags, onsinnig selfs om sulke vaal ou gebeurtenissies hoegenaamd te laat opteken. Wat nog te sê in goud.

Toe die keiser dié nag sterf, het hulle die goue boek toegemaak. Niemand het ooit weer die moeite gedoen om daardeur te blaai nie.

Die ander dag het ek aan hierdie legende gesit en dink. En sommer 'n paar van my eie goue dae, opgeteken in my geheue, begin tel.

Hoeveel daar was, altans dié wat ek uit die vuis kan onthou, gaan ek nie sê nie. Soos die keiser s'n was hulle ook maar gewoon.

Maar aan een het ek lank gesit en dink. Nie noodwendig die blinkste goue dag nie, maar die kwaliteit daarvan, die lig en klank wat saamgespeel het, laat my nou nog met 'n gevoel van behaaglikheid. Buitendien was dit een van die minder gewones.

Op 16 Oktober 1989 was ek in Parys, Frankryk. Dit was laatherfs. Die son het eers skugter opgekom en toe die oop lug bo die wêreld se mooiste stad soos blou kristal laat glinster.

Ek het by 'n reisburo gaan toustaan en op 'n bus geklim na Versailles, die beroemde paleis van die Franse Bourbonkonings tot die uitbreek van die Franse Revolusie. Want op hierdie dag, 16 Oktober, is die arme, beswadderde koningin Marie Antoinette deur die Paryse gepeupel onthoof. Ek het aan haar gedink, die jong Oostenrykse prinses wat met die Franse koning getrou het en uiteindelik onder die valbyl gesterf het.

Terloops, die berugte woorde wat so dikwels aan Marie Antoinette toegeskryf word – "Gee hulle koek!" toe die skare om brood sou gevra het – is nooit deur haar geuiter nie. Dis 'n onsinnige mite wat op die een of ander manier sy beslag gekry het. Dit was die woorde van 'n Sweedse prinses wat 'n eeu voor Marie Antoinette geleef het.

In elk geval, ek het die gewone toeristetoer deur die imposante maar leë vertrekke van die paleis meegemaak. (Die revolusionêre gepeupel het óf die meubels gesteel óf dit vir brandhout stukkend gekap.) Maar ek het my nogtans aan die imposante vertrekke vergaap, die gravures teen die mure en die hoë plafonne.

Marie Antoinette sou saam met die filosoof Arthur Schopenhauer kon sê: "Die grondfout wat in die mens ingebore is, is om te verwag dat ons bestaan om gelukkig te wees ... Leer 'n kind liewer van jongs af dat dit onsin is dat die lewe veel aan te bied het."

Daar is 'n kern van waarheid in wat die pessimistiese ou filosoof sê. Maar selfs Marie Antoinette het gelukkige dae geken; die tye toe sy op die terrein van die Petit Trianon met haar plaasdiere boerin gespeel het, byvoorbeeld. Sy het ook 'n bietjie liefde ervaar. In haar kinderdae kon sy die klein Mozart hoor klavier speel. Soos haar man, Lodewyk XVl, en vandag se derduisende toeriste, het sy Versailles hartstogtelik liefgehad.

So teen twaalfuur het ek op een van die borswerings gaan staan en afgekyk op die skare mense onder op die voorplein. Die son het hoog geskyn, koesterend warm. En die lig ... die lig was vol sprankel, soos beleë sjampanje.

Op die voorplein, onder 'n vrolike sambreel, het 'n Franse seun lemoene gestaan en uitdruk. Ek het vir sy lemoensap gaan toustaan.

Later het ek by 'n kafeetjie gaan sit met 'n bier, 'n Franse brood, en 'n paar soorte kaas. Ek het my verkyk aan die nimmereindigende grasperke met eikebome en platane. Die blare van die bome was aan die verkleur en die lig deur die blare het patrone gemaak soos dié van 'n towerlantern.

Ek het tussen die bome gaan stap en 'n rukkie saam met 'n klompie kinders sokker gespeel. Toe het ek onder 'n boom aan die slaap geraak en eers so teen vieruur wakker geword.

Van ver af het ek klanke gehoor: kinders wat speel, opgewonde gesels, musiek ... Die vrolike, strelende klanke het aangehou en aangehou, met sulke weldadige eggo's, soos voor 'n Bolandse reën in my kinderdae.

Met my pofferbaadjie oor my arm het ek langsaam bus se kant toe gestaan en die middag oor my laat spoel. Die aand het ek by die Eiffeltoring gaan eet en toe eers onthou ek het my baadjie in die bus vergeet. Op pad hotel toe het ek gedink: vergeet die baadjie; onthou die dag.

En die vreemdste, eintlik lagwekkendste: hierdie goue dag is nie soseer gemaak deur die besoek aan die ou Franse weeldepaleis óf die Eiffeltoring nie.

Die doodgewone herfsdinge van lig en klank en blare en gedempte vrolikheid het dit gemaak, dinge wat ek in die najaar ook in my eie buurt kan ervaar – as ek my net die tyd gun, as ek net wil wegbreek uit die dikwels onsinnige lawaai van elke dag.

Die liefde van verlepte blomme

"Kyk hierna," sê Rina, pas nadat ons gaste vertrek het.

Ek kyk.

Dis 'n heel besonderse groen bottel wyn met 'n mooi, fyn etiket en seël.

Nou wat wil sy weet? wonder ek. Sy weet immers dat ek soms 'n glasie klink, maar vir my is wyn óf soet óf suur, en die gesigte wat die wynsnobs trek wanneer hulle proe, gee my 'n pyn.

"X en Y, twee van ons gaste, het dit vir ete gebring, toe sit ek dit eenkant. Maar kyk weer na die bottel," por sy my aan.

Ek kyk. Maar ek sien niks besonders nie.

"Nou wat is jou probleem?" vra ek haar, soos die kabinetsminister wat my in my koerantdae soms laat in die nag gebel het en eers wou weet wat my probleem was, voordat hy my oor sy drang na begrip toegespreek het. En dan van sy gedigte voorgelees het, terwyl ek gebid het hy moet end kry sodat ek kan slaap.

"Kyk," sê sy, "sowat 'n jaar gelede het ons by X en Y gaan eet. Ek koop toe vir hulle dié besondere bottel omdat ek weet hulle is fynproewers. Toe ek dit wou toedraai, glip die bottel en my nael skeur 'n stukkie van die etiket af. Kyk net daar ... Hulle bring dit toe vandag weer vir ons!"

Wanneer ons van die bottel vertel, verbaas dit ons dat soveel vriende dit al oorgekom het: dat die bottel of die geskenkie terugkom. 'n Mens moet maar versigtig wees met wat jy ontvang en wat jy sommerso gee.

Maar laat ek vertel van die Valentynskaartjie. Op 'n gemoedelike mannepaartie sê een vriend vir 'n ander: "Piet, het jy jou dagboek hier? Skryf dan in by Vrydag: Môre is Valentynsdag."

"Maggies," sê ek, "dit klink romanties. Maak julle so 'n ophef van die geleentheid?"

"Nee," sê Piet, die een wat herinner is, "ek wil net nie weer van my 'n krater maak nie. My vrou is nogal gesteld op dié soort ding."

Toe hoor ek die storie. Piet, 'n sakeman met baie hooi op sy vurk, het die vorige jaar se Valentynsdag vergeet. Hy het die hele dag konferensie gehou, laat by die huis gekom, 'n paar biere gesluk en toe kos gevra. Sy vrou was uitgedos, waarskynlik 'n aand van uiteet te wagte.

Later die aand maak hy 'n draai in sy studeerkamer, en siedaar! 'n Rooi roos met 'n pragtige Valentynskaartjie wat van ewige liefde vertel. Ongeteken, soos dit hoort. Sy vrou het gereken hy sou dit die oggend al kry, maar in sy haas konferensie toe was hy nooit naby sy studeerkamer nie.

Toe weet Piet hy is in die moeilikheid. Die vorige jaar het sy maatskappy 'n Valentynsbemarking geloods, en iewers, wis hy, was daar nog van die kaartjies.

Met 'n haastige verskoning is hy kantoor toe. En ja, toe hy die laai van 'n groot kas ooptrek, daar lê hulle. Pragtige kaartjies vir klante. Hy kies 'n besonderse een, met die intiemste bewoording, en koop op pad terug, by 'n verkeerslig, 'n halfdosyn verlepte rose.

Tuis gekom, oorhandig hy dit, die ene verskonings.

"Ja, Piet," sê sy vrou, "dit ís 'n mooi kaartjie, en dis presies waarom ek dit verlede jaar vir jóú gegee het. Maar baie dankie vir die blomme. Ek is lief vir jou."

Dis toe dat Piet weer daar uit is, na 'n aptekervriend wat sy apteek moes oopsluit sodat Piet duur parfuum kon uitsoek om sy skaamte te help bedek. Dieselfde vriend wat hom op die partytjie aangesê het om tog die volgende Valentynsdag te onthou.

Piet filosofeer nou nog met klein tongklikkies daaroor. Sy vrou het die parfuum sjarmant aanvaar. Maar sy het die halfverlepte rose veertien dae lank in 'n pot vertroetel totdat die laaste blaar afgeval het. Vreemd, en tog verklaarbaar.

Die verlepte rose het vir haar genoeg gesê, haar vreugde gegee. Die parfuum was nie nodig nie, al het Piet skaam gekry.

Want ons maak die onsinnige flater om goeters lief te hê en mense te gebruik, in plaas van mense lief te hê en goeters te gebruik. Wie vreugde verwag, moet bereid wees om vreugde te gee en met vreugde en vergifnis te ontvang. Al is dit 'n simpel kaartjie op 'n eintlik onsinnige feesdag, al is dit verlepte rose, of 'n bottel wyn wat weer terugkom.

Die onsin van die ouderdom

Ek dink my gene het my 'n streep getrek.
Maar laat ek stap vir stap verduidelik.
Een Sondag preek ek in Pretoria by geleentheid van 'n groot gemeentelike feesviering. Ná die diens wei ons onder die tertjies, koeksisters, gelaagde toebroodjies, gekleurde ingelegde uitjies, frikkadelletjies, Hertzoggies en kolwyntjies.
Almal groet en stel voor en verneem en lê familie uit en vertel wat met hierdie of daardie een gebeur het. Die lidmate, van jonk (sommige met 'n neusring) tot oud (sommige met 'n loopring), het die tafels feestelik en vinnig gestroop.
Toe kom 'n oom op my afgestap. Hy bekyk my met sy oë op skrefies, asof die skerp sonlig hom pla.
"Dominee," sê hy, "ek hoor jy was 'n koerantredakteur? Ek dog toe so by myself: Jy was seker redakteur van *Die Transvaler*."
Ek sê ek wás koerantredakteur, maar nie van *Die Transvaler* nie. Die oom gaan ongestoord voort: "Ja, ek was ook een van die jong manne wat by *Die Transvaler* se kantoor gaan wag staan het toe die soldate die koerant in die Groot Oorlog wou aanval. Dit was so in 1942 rond. Ons het elke aand daar gaan diens doen, in die koue, en vir ons warm koffie gemaak, maar ons het gestáán. Jy was seker ook daar?"
"Nee," sê ek, "u moet onthou *Die Transvaler* is lankal daarmee heen. Toe julle daar wag gestaan het, het ek pas in die skool gekom."
"O," sê die oom en bekyk my weer, "ek het gedink ons is min of meer kallers van dieselfde jaar ..."
"Wel, my hare is wit, maar ek is twee-en-sestig."
"Gits," sê die oom, "dan het ek nou 'n groot mistyk gemaak."
"Nou hoe oud is u dan?" vra ek terwyl ek lankal lont geruik het.
"Oor vier maande word ek tagtig!" spog die oom.
Dis waar ek by die eerste deel van die streep kom. Mense gee

my wit hare een kyk en dink aan Huis Herfsblare. Dis waarom ek jong vroue met grys hare gereeld maan: "Laat kleur dit. Jy is glad te jonk om nou al na 'n tannie te lyk." Maar 'n man wat sy hare laat kleur, lyk soos 'n geverfde hoenderhaan wat hulle voor intervarsity op die veld loslaat.

'n Tyd gelede moes ek 'n pakkie by 'n huis aflewer. Ek druk die interkomknoppie by die voorste muur. Iewers vanuit die dieptes van die groot huis kom 'n seunstem. Ek sê ek moet iets aflewer en die hek klik oop. By die voordeur gee ek hom die pakkie om vir sy ma te gee. Hy is nie baie vriendelik nie.

Ek vra hom om die elektriese tuinhek weer vir my oop te klik, maar niks gebeur nie. Hy sê die slot wil nie werk nie; ek moet liewer by die hek aan die kant uitgaan. Ek draai die slot, maar die hek haak vas en wha-wha-wha! gaan die alarm af.

Die seun raak skoon oorhoops en sê hy weet nie hoe om dit af te skakel nie, hy sal sy pa moet bel. Ek stap in en soek die alarmbord terwyl die pikkie in die studeerkamer praat. Oor die lawaai heen hoor ek hy sê vir sy pa: "An old chappie came here with something for Mum. He buggered up the gate and the alarm."

Intussen het die huishulp gekom, die alarm afgeskakel en die hek vir my oopgemaak.

Die pikkie het seker aangevoel die "old chappie" wou hom regsien, want hy het soos 'n naald op 'n ongemaklike plek verdwyn.

Toe ek in die straat kom, hou die sekerheidsfirma se motor met skreeuende remme stil. Hulle wou weet of ek daar bly. Ek sê nee, maar 'n kind was te dom om die regte knoppies te druk.

Die sekerheidsman kyk my so en sê: "Ken ek oom nie? Oom lyk bekend."

Nee, sê ek, hy ken my nie. Netnou vertel hy my sy pa het ook doerie jare by *Die Transvaler* wag gestaan en my daar gesien. Dus: Met my wit hare is ek op twee-en-sestig "amper tagtig", 'n "bekende oom" en 'n "old chappie" wat droogmaak.

Maar die goor streep lê daarin dat toe ek een-en-twintig was, met my welige pikswart kuif, hulle my nie by die geen-kinders-onder-sestien-flieke wou laat ingaan nie. Ek was al predikant toe 'n man by die pastorie aankom, my as "seun" aanspreek en vra of die dominee daar bly en of ek hom sal roep.

Op 'n dag kyk 'n vriend na 'n foto uit my jong dae waar ek en my vrou staan met ons oudste, toe nog 'n baba. "Jislaaik," sê hy, "julle was darem jonk. Julle móés seker trou."

Toe ek by my vrou begin kuier, was die eerste ding wat sy hoeka wou weet, hoe oud ek is, "want ek speel nie pop nie". Dit is die poets van my gene: ek kon nog nooit so oud lyk soos ek is nie.

Dalk is dit ook maar goed so. Die ander aand het ek 'n toekenning ontvang. 'n Mens moet voor die verhoog gaan staan terwyl 'n geleerde in die commendatio oor jou goeie hoedanighede uitwei.

Later die aand sê my vrou: "Ek het jou so gesit en bekyk. Jy staan so regop. En met jou wit hare is jy so gedistingeerd, my tone het sommer gekrul. Ek is trots op jou."

Nou ja, soos Langenhoven gesê het: Daar is altyd kompensasie. Die dae van my jare het my hare wit gemaak, maar dit kon erger gewees het.

Want eintlik word die ouderdom dikwels met 'n soort suikersoet romantiek omhul wat heeltemal te veel moet bedek en kwalik daarin slaag.

Daardie beroemde vers van Robert Browning, "Rabbi Ben Ezra", is 'n voorbeeld:

> Grow old with me
> The best is yet to be ...

Vir sekere mense is dit geseënd waar. Vir ander is dit onsin.

Daar is die grappies en die vreugdes en die mooi mites van ouderdom, veral as jy gesond is en in staat is om dit te geniet. Maar daar is ongelukkig ook 'n paar waarhede waarvan 'n mens liewer maar vroegtydig bewus moet wees, vir die wis en die onwis.

Ek het dit tot 'n jaar of wat gelede met my ou mentor ervaar.

Ek het hom in sy fleur leer ken, in die jare toe hy die voorste koerantredakteur in die land was. Mense het om hom saamgedrom. Almal wou hom ken. Almal wou in sy geselskap gesien wees. Met sy gevatte grappies en sy vertellings was hy die middelpunt van menige partytjie. Sy naam is met respek genoem.

Later het hy voorsitter van die maatskappy geword. Toe was dit eers "Voorsitter!" voor en "Voorsitter!" agter. Ek het hulle so beskou en gewonder.

Hy het oud geword, oor die tagtig. In sy laaste jare het hy meesal alleen gesit. Hy het sy ou grappies en stories oor en oor vertel. Hy het dit besef en op sy manier probeer verskoning maak. Maar hy was eensaam.

Ek het hom gereeld gebel, elke Sondagoggend, om te hoor hoe dit gaan. Hy kon nog uitstekende kritiek lewer, en soms was hy net so dwars en gevat soos in sy gloriedae. Maar met sy skuifelstappie en krom skouers het die jong mense hom aangestaar asof hy 'n reliek van vervloë tye was, 'n ietwat simpel en beklaenswaardige ou man, eintlik 'n verleentheid.

Miskien het hy te lank aan sy kantoor vasgeklou.

Die Sondag voor sy dood was hy vreemd afgetrokke. Hy wou weet of ek die oggend preek. Toe ek ja sê, het hy opgemerk: "Nou ja, laat dit vir jou 'n geseënde diens wees."

Laaste woorde.

Sy ouderdom, soos dié van talle ander wat ek aanskou het, was alleen. Maar hy het hom nog in baie dinge verbly, eenvoudige dinge, soos krieket op TV, wat hy eers op sy oudag ontdek het. Of rugby: hy wat nooit in sport belang gestel het nie. Of om boeke te herlees en dan by my en sy ander getroue klompie vriende met nuwe argumente skoor te soek en lekker te lag wanneer ons begin kwaad word.

Eintlik was hy in sekere sin gelukkig. Hy het in sy eie huis gesterf, 'n huis wat hy en sy bruid meer as vyftig jaar tevore betrek het, toe hy 'n jong verslaggewer was. Sy kinders en kleinkinders was lief vir hom.

Ek het immers verswakte bejaardes gesien wat hul dae in beddens om lê en die knopies van hul slaapklere tel. Oor en oor. Ek het ou mense alleen in groot hospitale sien sterf. Ek het gehoor hoe hulle na water roep. Of na 'n geliefde.

Dan is dit nie meer grappies van 'n "old chappie" wat sogenaamd die alarm van die huis verfoes het nie. Sulke tye is dit 'n "old chappie" wat eintlik vergeet is. En dan is Robert Browning se "the best is yet to be ..." 'n onsinnige grap.

Daarom verkies ek oor hierdie onderwerp die suiwer woorde van die beroemde ou Jesuïtiese priester-denker-paleontoloog Teilhard de Chardin (*Die Goddelike milieu*): "Wanneer die tekens van die ouderdom my liggaam begin merk ... nog méér, wanneer dit my verstand begin aantas ... in al daardie donker oomblikke, o God, gee dat ek sal verstaan dat dit U is ... deel van die ritme van u skepping ... En leer my om my dood te sien as 'n daad van bekendstelling en eenwording met U."

Ek het Pierre Teilhard de Chardin se eensame graf aan die Hudsonrivier gaan besoek.

Op die eenvoudige steen staan niks van al sy prestasies as wetenskaplike nie. Net "Brother Louis", soos hy aan sy orde bekend was. Dit is goed so. Hy wat in sy briljante loopbaan die beendere van oerdiere ondersoek het, het geweet dat hy ook maar deel is van die groot kom en gaan in die ewige skepping en herskepping van God.

Daarom, laat niemand my bly troos met mooi romantiese woorde wat ek kan aanvoel, nie altyd waar is nie. Ja, soms is dit goed, maar laat die Here my eerder troos dat my ouderdom en dood my nader bring aan die dag van my eenwording met Hom.

Met dank aan 'n mal vakansie

As mense met 'n jeuk na rondloop maak ons aljimmers die simpel fout van die meeste reisigers: ons neem te veel klere saam en te min geld. 'n Lekker reis is soos die warhoofdigheid van jeugliefde: dit word aangepak met groot verwagting; dit word koorsagtig beleef, ook met moeite en verdriet; en dit word met groot nostalgie onthou.

Vandag is ek nostalgies oor 'n Kersvakansie van sowat vier jaar gelede.

Ons is Kersaand met jas en tas en "spesiale aanbod"-vliegkaartjies uit Johannesburg weg om by vriende in Frankryk te gaan kuier.

Kersfees in die sneeu! Wonderlik! Maar eers moes ons Londen toe, soos alle ware Afrikaners wat toer. Ons verwyt die Engelse die konsentrasiekampe, maar ons sê almal ons voel tog so tuis in Londen en Bath. Onverklaarbaar, sekere dinge van die Afrikanerpsige.

Daar aangekom, staan en wag ons op die sneeugladde sypaadjie buite 'n opslaangebou vir 'n bus na die middestad. In die bus vat 'n Griekse landgenoot 'n lang sluk uit 'n bottel mineraalwater en sê: "Bus class! I like it!"

Hy sien my en groet luidkeels: "Hallo, Mr de Villiers, I sell your newspaper in my shop."

'n Mens weet ook nooit wie jy raak loop nie.

By ons blyplek aangekom, het ons die res van die dag in die bed teen die koue en sneeureën geskuil. Ons Kersmaal was vrugte en sjokolade wat ons by 'n Indiese kafee in Kensington gekoop het.

Maar verder was dit orraait: Ek bedoel, wie sou nie graag deel wou wees van die wriemelende skare die volgende dag by die groot "Boxing Day"-uitverkopings in Oxford- of Regentstraat nie? Wie sou nie wou sien hoe twee fris Britse vroue mekaar te lyf gaan oor 'n afgemerkte T-hempie met Goofy op terwyl hul seuntjies eenkant staan en grens nie? Altyd goed om te weet ander nasies het ook maar hul "common" spesies. En wie wil dan nou nie deur jou nek vir "tea and crumpets" by Harrods betaal nie?

Oujaarsdag klim ons op die trein Parys toe. Op die Gare du Nord se perron word ons deur 'n yswind so reg van die Steppe af begroet. Daar is min mense op straat, en ons bespreek vir die hotel se Oujaarsaandete "met opera".

Die "opera" is toe 'n ou diva wat die drinklied uit *La Traviata* tydens die voorgereg (twee mossels op 'n slaaiblaar) laat dawer. Toe sy kort voor twaalf weer by die sjokolademousse haar verskyning maak, het ons die rekening gevra. En die stuipe gekry. Dié ete van Oujaarsaand 1996 staan nou nog in my boek as die swakste en duurste wat ek ooit met middelmatige sjampanje afgesluk het.

En dit terwyl ons kon hoor hoe die sangeres drie liedere in die duurder restaurant langsaan sing vir elkeen wat sy by ons uitgeskree het. Ons is baie gespaar in die goedkoper plekke, dankie.

Die volgende dag het ons kruis en dwars met die metro gery, na alles gaan kyk wat ons vinnig wou sien, en toe op die trein na Genève geklim. Daar wou ons na die Calvynmonument gaan kyk en vir ons vriende wag om, onderweg na Frankryk, ons weer te kom oplaai.

Maar dié aand word die TV-nuus deur tonele van toegesneeude huise, treine en spoorlyne oorheers. Die sluiting van die meeste hoofpaaie word aangekondig. Ons vriende bel om te sê die pad na hul plasie is onbegaanbaar. Die Rhônevallei is weens die swaar sneeu tot rampgebied verklaar. Ons kuier by hulle was in sy glorie.

Toe ploeter ons maar in Genève rond, met die mis en reën en koue wat swaar oor die klein stad hang. Op 'n keer het ek begin mor: "Hulle sê hier is berge reg rondom, maar ek sien swiet ôl." Ons het Calvyn met sy sneeukepsie gaan afneem, en toe koninklik gaan eet. As jy in 'n penarie is met nêrens om heen te gaan nie, doen die onsinnige: bestee geld op kos.

Net daar besluit ons ons gaan by die stasie hoor of die spoorlyn oor die Alpe nie dalk oop is nie. In die koerant het gestaan dis in Venesië darem vier grade in die dag. Ja, sê die stasiemense, geen probleem met die spoorlyn deur die Simplontonnel na Venesië nie, en hulle kan vir ons in 'n klein hotelletjie plek bespreek.

Ons pak op, en die trein vertrek. Ons verkyk ons aan die oorweldigende, koue wit gebergtes weerskante van die spoorlyn. En toe gebeur die ramp. 'n Grenspolisieman vra ons paspoorte en sê ons het g'n visums vir Italië nie. (Ons het gereken ons visums vir die Europese Unie is daar ook geldig.)

Op Domodossola, 'n plekkie aan die Alpynse grens waar verlatenheid heers, gebied hulle ons om die trein met ons pakkerasie te verlaat. Maar in die veertien minute dat die trein daar stilhou, storm ek by die kantoor van die grenspolisie in, stel my saak en word met 'n Romeinse handgewuif van die kaptein deurgelaat. Ons hol terug trein toe met ons goed. Toe Domodossola in die sneeureën verdwyn, eet ons weer.

In Milaan het die sonnetjie yl begin skyn. In Venesië was die temperatuur werklik vier grade, en ons partytjie het begin: met 'n vinnige boot na die eilande, saans lekker kos, die Brug van Sugte, die Sint Markusplein, die palazzo's, die museums.

Venesië is nie 'n stad nie, dis 'n droom.

Teen die einde van die week is ons terug na Genève vir ons terugvlug na Johannesburg. Toe die vliegtuig deur die wolke klim, sien ek: sowaar! daar ís lieflike bergtoppe om die stad, bergtoppe wat deur die wolke steek met sneeu en son op. 'n Gesig wat ek nooit sal vergeet nie.

'n Mens wonder nou: as die winter en die sneeu ons nie so stief behandel het nie, as ons wel by ons vriende in Frankryk uitgekom het, sou ons dan nog die vakansie so nostalgies onthou het?

Buitendien, as 'n mens die berge nie kan sien nie, beteken dit tog nie hulle is nie daar nie. Dis 'n eenvoudige waarheid wat 'n mens alte maklik vergeet wanneer dinge begin oorhoops raak.

Maar tel die bestanddele bymekaar: eers die effe mal besluit om die somer van Suid-Afrika te verlaat om in die koue te gaan vakansie hou, ook die dwase geskarrel met die visums op Domodossola, verder my onsinnige gemor op die Calvynplein, die eintlike spandabelheid van die toer, die groot kullery met die

Oujaarsaandete "met opera", die gestoei tussen die mense in Oxfordstraat agter die uitverkopings aan en daarna die sonskyn op die Sint Markusplein.

As dit kon, sou ek gelukkig wees om weer net so vakansie te hou.

Ek hoop, nee, ek bid ernstig, dat ek dit kan sê wanneer ek finaal die einde van my soms holderstebolder en deurmekaar lewe bereik. Nie dat ek dit werklik wil oorhê nie. Glad nie. Maar dat ek sal kan sê dat dit vir my goed was.

Dit sal 'n groot seën wees.

Here, ek hoop U gun my dit.

Aapstreke vir die eensaamheid

Een van my beter gewoontes is om gereeld te gaan stap en dinge te bekyk en te bedink. Dis 'n goeie manier om tyd goed te bestee sonder om te veel geld te spandeer.

Ek slaan elke oggend 'n ander koers in: verby Rosebank se winkelvensters of verby Houghton se gholfbaan, deur Saxonwold se pragtige strate met die jakarandas wat pers bot in die laat lente, en soms deur die dieretuin.

By die hek betaal ek 'n klein bedraggie en loop dan met een van die menigvuldige paadjies by die slange, leeus, bere, ape, bokke verby tot by die Militêre Museum of die ingang van Parktown en daarvandaan huis toe.

Die ander dag het ek voor Boytjie se hok gaan staan. Boytjie is 'n orangoetang. Ons twee kyk graag vir mekaar. Hy dans en wip op en af en maak geluide, asof hy my ken. Hy trek sy kies op 'n bol en slaan flink bolmakiesie.

Soms hou hy sy oë toe, asof hy skaam kry. Dan beloer hy my weer van onder sy hand dat ek gevoeltes kry oor al my sondes. Of hy steek sy kop onder sy blad en steek sy hand uit, asof ek hom iets moet gee.

Sy vryheid, dalk? Want wanneer ek weer aanstaltes maak, gaan hy droewig tekere. Dan slaan hy bolmakiesie om tog my aandag te behou.

Daar kom altyd 'n hartseer by my op vir Boytjie. Ook 'n soort gemeensaamheid, want soms voel ek my net so ontuis hier in Johannesburg as hy. Iemand wat hier is en tog eintlik nêrens hoort nie.

Maar Boytjie. Ek troos my en vir hom dat hy hier darem nog kos kry, terwyl die bosse doer in Maleisië, waar hy vandaan kom, by die duisende afgebrand word. Dalk, wie weet, voel Boytjie ook op sy manier 'n ape-piëteit vir my.

Eensame mense, eintlik wêreldvreemdelinge, steek soms hul hartseer agter onsinnige grappies en aapstreke en 'n sekere arrogansie weg.

Soms tel ek langs die Dieretuinmeer papiere en plastiekgemors op wat die makoue en eende se habitat bevuil. En ek bekyk huise, veral dié in aanbou of wat opgeknap word. Daar is seker nie nóg mense in die land wat hul huise so slim kan herbeplan en versier as die Johannesburgers nie.

Ek stap dikwels by die werkery in en vra wat hulle doen. Almal wys my graag. Hier 'n nuwe ingang, daar 'n onthaalplek of 'n nuwe slaapkamer, of sommer 'n hele nuwe vleuel wat netjies pas by die geheel.

My oggendwandeling het my geleer: as jy aan huisverandering dink, moenie die towerkuns van 'n verfkwas en 'n bietjie verbeeldingryke gebruik van kleur onderskat nie. Moet ook nie sommer self 'n aanbousel – kamer, stoep, afdak – prakseer, wat later soos 'n hoenderhok aan jou huis klou nie. Dit kos jou iets, maar dis beter as 'n brousel, en argitekte moet ook lewe.

Al slenterende het ek heelparty mense leer ken met wie ek kort geselsies aanknoop. Mr Matthews, die "butler" van bekendes, kom uit Malawi en groet my soms met "Reverend Sir". In sy wêreld het mense welluidende titels. Daar is ook die Chinese vrou van Macau by wie se klein kafeetjie ek soms 'n blikkie koeldrank koop. Sy het my tydens 'n Chinese feestyd 'n drakie present gegee. Vir geluk, sê sy.

'n Libanese vrou het my met trots haar nuwe huis met die swierige *Gone with the Wind*-trap, gepoleerde vloere en versierde plafonne gewys.

Elke dag sien 'n mens hoe die seisoene vorder. Die blare wat krimp en verbruin en in slordige hope val, die plante wat groen jurkies omgehang word teen die Hoëveldse ryp, die fyn blaartjies van die jakarandas wat eers finaal deur die Augustuswinde afgewaai word, die eerste botsels van die platane en blomperskes, die fleurige tuine van die hoogsomer, die menigte voëls wat vroeg September verskyn. Johannesburg se "blaarryke voorstede" is 'n massiewe mensgeplante woud wat letterlik honderde soorte voëls lok.

Een oggend stap ek verby twee kleuters wat op 'n hoop sand en bakstene voor hul huis speel.

"Hallo," sê die blonde dogtertjie met haar vlegsels, "jy lyk net soos ons 'Grandpa'."

"Dankie," sê ek, "maar wat maak julle?"

"Ons speel voor hulle al die sand wegvat vir die nuwe kombuis," sê die dogtertjie.

"Julle kry dus 'n nuwe kombuis, en julle huis is nog nuut?" vra ek.

"Nee, my mammie kry 'n nuwe kombuis. Sy het vir ons pa gesê sy wil 'n nuwe kombuis hê, en as my mammie sê sy wil 'n nuwe kombuis hê, dan kry sy dit."

"Dan het jou pa seker baie geld," sê ek.

"Wel ..." Sy trek haar gesig. "Ons is nie ryk nie, maar my pa werk hard. Hy koop en verkoop geld by 'n groot gebou."

"Ek dink ek moet jou pa kom spreek, dat hy my ook kan leer om geld te koop en verkoop vir 'n nuwe kombuis."

Sy skud haar kop: "Nee, jy kan dit maar laat staan. My pa sê al die mense wat bedags so in die strate leeglê, verpes net die land en hulle sal nooit 'n sent hê nie en hulle moet niks by hom kom vra nie."

"Net so," sê haar boetie en begin die tuinslang nader sleep om die gate in die sandhoop mee te vul om nog lekkerder te mors. Ek wou nog iets sê, toe kom die geïrriteerde stem van "Mammie" van agter die muur oor wie de swernoot die kraan oopgedraai en die tuinslang in die straat gesleep het.

'n Oudminister, nou saliger, het eendag vir my gesê hy leer sy ekonomie op straat. Ek verstaan nou wat hy bedoel het. Gaan wandel gereeld, en om elke hoek, in elke tuin, op elke sypaadjie sien jy iets van die ekonomie van die lewe. Dit laat jou lag of stem jou verdrietig of laat jou nadink.

En as jy niks sien wat jou laat nadink nie, stap net aan; die een gedagte ná die ander sal jou volg, feitlik met elke tree. Mense wat in die geselskap van hul eie gedagtes is, is nooit alleen nie. Onthou: eensaam, maar nooit alleen nie. Presies soos ou koningin Wilhelmina haarself beskryf het.

Een ding staan vas: 'n wandeling, sommer iewers heen, help veral wanneer jy soms totaal uit jou plek voel, en dalk – soos Boytjie – begin aapstreke uithaal om dit te probeer verbloem.

DIE RAAISEL VAN DIE KLEIN SKILDERY

My oudste seun het 'n huis gekoop en ek het hom so hier en daar help trek. Terwyl hy die prente van die mure afgehaal en opgestapel het, het ek aanmerkings gestaan en maak, meesal ongunstig. Sy smaak is nie altyd my smaak nie, en ek kry nie end met dit sê nie. Toe vervies hy hom en sê baie van my prente sal ook nie juis deur die Louvre aanvaar word nie. Hy kon sê wat hy wou. Ek het agter my hand gelag. Soos Boytjie.

Tensy 'n mens 'n miljoenêr in dollar of pond is, weerspieël die prente, foto's, afdrukke of skilderye in jou huis meesal jou eie sentiment en nostalgie. Of dis sommer net 'n onverklaarbare: ek hou hiervan, al dink ander mense dit is kitsch. Sommige items word mettertyd selfs vir jou onsinnig en beland op die ashoop. Ander raak met die tyd verlore, veral as 'n mens al dikwels moes verhuis.

My eerste *De Breede en de Smalle Weg* het so verdwyn. Ek het daarna weer een in Audrey Blignault se badkamer gesien, die groot prent met die Alsiende Oog wat alles dophou en die twee ewige paaie: die een wat langs die Balzaal, Leningsbank en Schouwburg verbyloop na waar die groot vlamme van die hel in die verte uitslaan, en die smal paadjie met die kerk en die sendinghuis wat na die hemel lei. Pure humorlose, piëtistiese onsin, maar min van my geslag ken nie dié afdruk nie. Dit het ons vrees ingeboesem.

Die afdruk het ook in my ouma se huis gehang. Sy het nog 'n prent gehad wat in die jare veertig in feitlik elke Bolandse plaasvoorhuis gehang het: die *Nagedachtenis van het gewapend verzet 1914*. Daar was 'n versameling slagspreuke en ou Boerevlae en -generaals op, almal wat jare tevore aan die Rebellie deelgeneem het.

En Bybelverse: "Aanschouw de lam voor U geslacht" en

"Waarmee zal de jongeling zijn pad suiver houdt?" en "Wat is een huis zonder een vader/moeder?" Die meeste mense wat hierdie ou Africana besit, klou daaraan vas. In die laat veertigerjare het Die Party 'n almanak uitgegee: *Dagboek van 'n Nasionalis.* By elke dag en datum was 'n gepaste slagspreuk: "Wees Sterk! Staan vas! Stem vroeg!"

Nou toe nou.

Toe ek student was, het die *Sterwende Swaan* en *Verlore Orgidee* van Tretchikoff in feitlik elke ghrênd huis gehang. Vandag sien ek dit nêrens meer nie en lag ons vir gister en eergister se "aandoenlike" kuns.

Die meeste mense besit die een of ander stukkie oorspronklike kuns. Dan is daar diegene soos my oorlede ou vriend Daantjie Saayman, wat pragstukke van bekende kunstenaars teen sy mure versamel het, elk met sy eie beligting.

Op 'n dag het ek en hy by Erik Laubscher in Seepunt gaan kuier. Ek het twee waterverflandskappe teen die kunstenaar se muur bewonder. Toe Daantjie dit sien, het hy op die plek die waterverfies van Erik se muur gehaal en gesê: "Izak, gee hom honderd rand vir die twee." Die arme Erik het geprotesteer, maar dit was darem baie jare gelede, toe hy meer as 'n liter Coke daarmee kon koop.

So het daar heelparty goeters teen my mure beland, meesal foto's, afdrukke en sommer aandenkings, waardeloos vir iemand wat nie my en Rina se hartsnare ken nie. Ná my finale trek kan die meeste maar ashoop toe. Alles deel van herinneringe, meesal mooi, soms onsinnig mooi, soos die laaste spotprent wat die koerant van my laat teken het toe ek afgetree het. Ek is die ou "cowboy" op pad na die sonsondergang terwyl my "vyande" agter die klippe skuil en ek die rook uit my rewolwer wegblaas nadat ek hot en bles op hulle geskiet het.

Herinneringe, en veral nostalgie, is soos om die vreugdes van die verlede voor 'n groot, knetterende kaggelvuur te geniet, sonder om daaraan te dink dat jy geswoeg het om die hout daarvoor te kap.

Op 'n tyd het ek as leraar taamlik gereeld besoek afgelê by 'n vrou in haar laat middeljare wat nie meer so gesond en beweeglik was nie. Sy was 'n stil maar interessante mens, 'n weduwee met 'n hele paar groot kinders. Teen haar muur het 'n klein skildery van 'n jongerige man gehang. Ek het verneem of dit haar oorlede man was. Nee, het sy gesê en nie verder verduidelik nie.

Sy kon interessante staaltjies vertel. Maar ek het soms die fors jong man in die raam gesit en dophou. Ek het haar gevra wie hom geskilder het, en sy het bondig geantwoord: "Sommer iemand wat hy geken het." Niks verder nie.

Toe word sy in die hospitaal opgeneem. Sy het elke dag die koerant van voor tot agter gelees, wou altyd oor die nuus gesels. En jou werklik, op die staalbedkassie, op 'n staander, het die skilderytjie van die jong man gestaan. Ek het in sy rigting gekyk en gesê: "Ek sien hy is ook hier." Sy het sonder kommentaar geknik en oor die oliekrisis begin praat.

Een aand laat, terwyl die Kaapse reën buite teen die ruite getimmer het, is sy stil heen. Haar kinders het my vroeg al laat roep terwyl sy gesukkel het om asem te kry. Op die bedkassie het die jong man in die skildery alles gesit en aanskou. Ek het my verbeel dat sy oë droewig was.

Voor die begrafnis het een van haar dogters aan my 'n hele lys opdragte oorhandig. My ou vriendin het alles vooraf beplan: wat by haar begrafnis gesing moes word, die gedeelte wat gelees moes word, wie moes dra, wat vir die begrafnisgangers voorberei moes word, waar sy nog kontantgeld vir enige onverwagte uitgawe gebêre het ... Tot die laaste jota en tittel.

Ja, alles, maar ook nie alles nie. Ek het die dogter op die begrafnis gevra: "Wat het julle met die skildery van die jong man gemaak?"

"By Ma in die kis gesit, dominee, op haar bors."

"En julle weet nie wie of wat hy was nie?"

"Nee, sy wou nooit daaroor praat nie."

Ek het gedink dit was goed so. Die kinders was slim. Hulle kon die klein skildery tog nie waardeer nie, al het hulle dit geëerbiedig.

"Ma het ook maar haar eie nonsies gehad, dominee," het die dogter die gesprek afgesluit. "Dominee het haar tog so geken ..."

Ja, en ook nie geken nie. Haar "geheim" was teen haar kamermuur, later op haar bedkassie en toe saam na haar graf. Dalk was dit nie juis 'n geheim nie. Dalk was dit 'n roerende storie. Ons sal nooit weet nie.

Sekere herinneringe behou slegs hul waarde as net jy die hele storie ken.

Maar vir my laat dit nog soms aan haar dink. En wonder. En in my verbeelding versin ek gelukkige maar waarskynlik onsinnige sprokies oor 'n jong vrou en haar geheime geliefde, lank gelede.

Skep iewers vir jou 'n eiland

'n Jaar of tien gelede – in die gloriedae van *Sarie* se redakteur wees – kuier ek op die Seychelle net voor die tydskrif daar 'n skoonheidskursus sou aanbied. Ek het boeke saamgeneem wat ek nooit gelees het nie, 'n aktetas wat ek nooit oopgemaak het nie, en hooikoorsmedisyne wat ek nooit gebruik het nie.

My jop was om die wêreld te verken voordat ons lesers soontoe kon neem en ons skoonheidspan hulle kon mooimaak. Met ander woorde: om seker te maak of die lipstif in die tropiese hitte sou "vat" en of die maskara nie dalk in strepies sweet teen die ken sou afloop nie. Blote oppervlakkighede, maar toe maar. Oppervlakkige dinge is ook pret.

Ek het besluit dat sou die ergste gebeur, die skoonheidsredakteur maar die probleem moes oplos. Verder het ek die louwarm see opgesoek, van soggens vroeg tot saans laat.

Anders as wyle Jona was ek elke dag tevrede onder my palmboom op een van die mooiste strande van Mahe-eiland.

Eendag het ek saam gaan visse kyk op 'n boot met 'n glasveselboom. Die kaptein vertel toe ons gaan 'n paar eilande besoek, onder meer Moyenne, waar ons 'n "interessante karakter" sou ontmoet: Brendan Grimshaw, 'n man wat sy eie eiland besit. En jou werklik, toe die boot die digbegroeide Moyenne nader, hardloop 'n bruingebrande man in die vlak water en blaf soos 'n hond en trek gesigte, soos my vriend Boytjie. Alles glo om toeriste te vermaak.

By sy "kafee" ('n grasafdak met 'n paar stoele) het hy vir ons koeldrank geskink, en ek en hy het begin gesels. Ons het gou gemeenskaplike grond gevind: die joernalistiek en godsdiens. Ten spyte van sy aapstreke en grappies was hy klaarblyklik iemand wat geloof nie ligtelik opneem nie. Ook nie sy bygelofies nie. Daarby was hy lank redakteur van die *East African Times* en later woordvoerder van president Nyerere.

In die jare sestig het hy op die Seychelle kom vakansie hou. Hy vertel hy het een oggend in die klein hotel in Victoria wakker geword toe iemand onder in die straat skree: "Wie wil 'n eiland koop?"

Hy verneem toe dis Moyenne wat in die mark is, en koop die eiland vir £14 000. Die plek was jare tevore bewoon – daar was selfs 'n huis of twee – maar alles was op daardie tydstip verlate. Grimshaw het soos Robinson Crusoe op sy eiland gaan woon.

Met 'n eilandvennoot, sy "Man Friday", het hy begin tuinmaak, water aangelê, die huis reggemaak, paadjies gebou, inheemse plante beskerm en inheemse diertjies help hervestig. Hy en sy maat het soos slawe gewerk: sement aangemaak, gepik en geskoffel en toeriste bedien.

Met ons gesprek was hy al baie jare op die eiland. Hy was effe bedroef omdat sy pa 'n paar maande tevore oorlede is. Die oubaas het hy in Engeland gaan haal nadat sy moeder oorlede is. Hy was twee-en-tagtig en in 'n hospitaal in Bristol aan 't sterf.

Op die eiland sou hy nog vyftien jaar leef en help paadjies maak. 'n Ongeluk het sy lewe kortgeknip. Hy het geval en sy heup gebreek. In die hospitaal het hy longontsteking opgedoen.

Grimshaw, wat nooit getrou het nie, het sowat twintig jaar jonger as sy ouderdom gelyk. Ek wou by hom weet of hy nie eensaam word nie. Ek bedoel: dis alles idillies, so op jou eie werf, met jou eie strand, die kalm blou see en die welige plantegroei. Maar 'n mens kry darem soms lus vir geselskap. Sy vennoot het saans na sy gesin op Mahe teruggekeer.

Soms, het Grimshaw erken, was hy effe eensaam. Maar dan luister hy na die nagdiertjies in die ruie bos en dan is hy tevrede met hierdie geselskap. Soms kom vriende vir hom kuier.

"En op 'n dag," het hy vertel, "het 'n vroulike gees met my gepraat."

"'n Wat?" vra ek.

"'n Gees," sê hy, "'n heel ordentlike gees." 'n Vrou se stem het een aand skielik uit die bosse met hom gepraat. Of liewer, sy het hom beveel om af te gaan na die see en daar te wag totdat die seeskilpaaie vroeg die volgende oggend hul eiers op die strand kom lê. Hy moes weet waar dit is, en help om die plek te bewaar en nie onnodig daar vroetel nie.

So gesê, so gedaan. Die seeskilpaaie het gekom en ongestoord hul eiers gelê met Grimshaw as hul bewaker teen moontlike indringers.

Ja, het hy gepeins, die vrou was 'n vorige eienaar van Moyenne, Miss Emma Best. 'n Vriendin uit Suid-Afrika het haar een aand in haar kamer gesien terwyl sy by Grimshaw gekuier het. Miss Best het haarself voorgestel en gesê sy is op Mahe-eiland begrawe. Daar was niks van haar herinnering op Moyenne nie, daarom kon sy glo nie rus nie.

Grimshaw wou weet hoekom sy hóm nooit tuis "besoek" nie. Die volgende nag was sy weer by die vriendin met 'n boodskap: Sy kan nie met 'n man in sy kamer praat nie, want sy was 'n "maiden lady" wat nie sou droom om 'n man in sy kamer te "approach" nie!

Grimshaw het die boodskap gekry en in die eilandkapel, wat hy en sy pa gebou het, 'n klein gedenkplaat ter ere van haar laat aanbring. Miss Best het glo van toe af gerus.

Dit klink na 'n goeie skeut ongesuiwerde verbeelding. En tog het ek gefassineerd geluister. Ek wonder nog of hy nie die storie opgemaak het vir goedgelowige toeriste soos ek nie. Maar die gedenkplaat is daar, en 'n mens weet nooit.

So tussen die geskerts en erns deur het Grimshaw daardie dag iets gesê wat my nog altyd bybly: Elke mens moet vir hom of haar 'n eiland kry, 'n eie plek waar net jy alleen is.

Ek het eers gedink dis deel van sy twakpratery. Maar toe verduidelik hy: Dit kan 'n hoekie in die huis wees, dit kan 'n kamer wees waar net jou goedjies is, dit kan 'n sitplek onder 'n boom wees, dit kan sommer net 'n momentele terugtrek van jouself in jouself wees, 'n soort eie tyd van die dag of nag, of 'n alleenuitstappie.

Want jy kan nie altyd deel wees van die luide geroesemoes van elke dag nie. Iewers moet jy privaat wees. Net jy. Met jou gedagtes. En God.

Vir moderne mense is dit moeilik om so 'n "eiland" te vind of te skep. Te veel dinge eis ons aandag: kinders, werk, vriende, eggenoot. Maar as jy so 'n eie tyd vind, 'n "eilandjie" per dag, verander dit jou uitkyk op heelparty dinge. Nogal radikaal.

Verlede jaar was ek weer op die Seychelle. Daar aangekom,

het ek Grimshaw op die woelige klein lughawe gewaar. Hy het 'n menigte gaste ontvang, vrolik, bruingebrand, vol grappies en aapstreke. Ek het hom nie gaan groet nie.

Want in my gedagtes was ek op my eiland, besig om my te suiwer van die reste van 'n hartseer: 'n onsinnige ding wat dwars in my hart kom sit het, iets waaraan ek nie veel kon doen nie behalwe om myself te gesel oor die onbetroubaarheid van mense wat jou hul woord gegee het. Maar, al klink dit na 'n teenspraak, ek was ook besig om my te verheug in die voorregte en seëninge van dié dag en elke dag.

Simpel stories, mites en wense word dalk waar

Griekeland kan 'n mens op baie maniere beleef: een daarvan is om op 'n sogenaamde "argeologiese toer" te gaan. Dit beteken jy ry met 'n bus van die een bekende opgrawing na die ander. Die gids, 'n belese Griekse vrou in haar middeljare, vertel: "Hierdie klipskeure het Zeus getrap" en: "By dié spruit het Achilles se ma hom gebad" en: "Aan hierdie rots is Prometheus vasgebind toe hy die gode se vuur gesteel het."

En kort-kort maan sy: Onthou, die gode- en heldeverhale van die Grieke klink vergesog, dikwels na pure bog, maar in elke stukkie mitiese onsin skuil 'n groot waarheid.

Naby die opgrawings van die ou stad Mukene het sy na 'n klein bergreeks gewys. "Julle sal sien," het sy gesê, "die berg lyk soos 'n ou kryger wat lê en slaap. Kyk sy helm, kyk sy edel gesig, kyk daardie reeks koppies – dis sy borswering. Dit is ons held Agamemnon. Hy slaap. Eendag sal hy weer wakker word, en dan sal hy ons vyande verslaan en Griekeland sal weer groot wees."

Ek het gewonder: Glo sy dit nie so 'n bietjie nie? Al is dit net 'n storie.

Laat my beken, haar vertelling het my so meegevoer dat ek die ou reus met sy swaard en borswering as 't ware kon sien opstaan, sien hoe hy met sy voete ruwe slote trap terwyl die aarde bewe.

Een aand sit ons groepie toeriste lank aan die hotel se etenstafel. Die dokter uit Kalifornië kyk na my en spot: "Jy weet, Izak, ek weet van ouers wat onlangs hul tienerseun na 'n beroepskeuse-sielkundige geneem het. Die sielkundige sê toe vir die ouers: Jul seun het 'n gemene streep. Met sy beperkte intelligensie kan hy nie eintlik opgevoed word nie. Hy hou daarvan om valse gerugte te versprei. G'n twyfel nie: 'n loopbaan in die joernalistiek is nommerpas vir hom."

Ka-ka-ka! lag almal, en ek vertel hom net voordat ek van die huis af weg is, het die nuus gekom dat medici in Suid-Afrika 'n nuwe hartmedisyne ontwikkel het.

"Wat se medisyne?" vra die dokter.

"Hulle noem dit ZIP," sê ek, "want hoewel dit nie eintlik vir enigiets help nie, kan die meeste dokters dit darem spel."

En jou werklik, 'n Japannese vrou vra ewe dig wanneer dié hartmedisyne op die mark kom.

"Madame," sê Leo, die dokter, "dis soos die Griekse mites, dis eintlik stories dié, maar in elkeen is 'n element van waarheid."

"Inderdaad," sê ek.

Toe kom Leo met 'n blink voorstel: Elkeen van ons moet iets van hom- of haarself vertel, en dan moet die ander, soos oor die Griekse mites, sê of dit die waarheid is of 'n leuen of so tussenin.

Hier is 'n paar van die bestes van die aand:

Die Indiërkardioloog vertel hy is 'n Hindoe. Derhalwe glo hy in reïnkarnasie, met ander woorde die siel word weer en weer in verskillende vorms gebore. Vir 'n koei, sê hy, het hy letterlik heilige ontsag. Maar hy vrees die dag as hy sterf en hy moet sy lewe weer as 'n koei begin. Want sê nou net hy kan nie melk gee nie?

"Is dit nou waar?" vra die Japannese vrou weer. Die kardioloog haal ongeërg sy skouers op.

Die Britse makelaar bekyk die Amerikaners spottend en sê hy het die vorige nag gedroom hy is president Clinton se onderbroek. Dit was 'n nagmerrie, om begryplike redes.

'n Paar Amerikaners het hulle duidelik effe vervies, Demokrate daar uit Connecticut se wêreld. Maar die Brit het volgehou: Julle kan nie stry nie, soos die geval is met 'n Griekse mite, steek daar dalk iets van die waarheid in.

Met die politiek skielik op die agenda vertel ons Griekse gids sy het op 'n keer in haar stad, Sparta, met die verkiesing gehelp. Téén wyle oubaas Papandreou, die Sosialis wat sy met 'n groot Griekse haat gehaat het.

"In elk geval, ek werf toe stemme en kom by 'n man wie se vrou reeds 'n maand of vyf oorlede was. Ek het so ernstig moontlik gesimpatiseer, want ek wou sy stem hê. Omdat dit in die aard van Griekse wewenaars is om gou weer te trou, vra ek hom toe of hy al iemand in die oog het. Nee, sê hy, hy kyk maar so rond.

Maar vir eers soek hy nie vrou nie, want sy broer in Amerika het beloof om vir hom 'n wasmasjien te stuur."

Sy sê dis absoluut waar, maar giggel darem so by haarself.

Diane, die Australiese ekonoom, het vertel sy het al 'n paar huweliksaansoeke gehad (maklik om te glo, veral nadat sy haar aanvanklike stroefheid iewers langs die pad gelos het). 'n Galante jong heer van Sydney het haar glo een aand vir ete geneem na 'n deftige restaurant, een van daardies met verskeie lokale.

Sy sê sy merk toe die man is onrustig. Kort-kort spring hy op en kom ná 'n ruk weer terug. Sy dog sy maag gee hom las en vra liewer niks.

Ná die voorgereg besluit sy om haar neus te gaan poeier. In die "Dames" loop sy 'n jong sakekennis raak en hulle verneem na mekaar se welstand. Nee, dit gaan goed, sê die kennis, sy het weer 'n vaste vriend. Hulle is saam daar vir ete. Sy wat Diane is, behoort hom te ken. Hy is ... en sy noem die naam van Diane se metgesel.

Die skarminkel het mooitjies op dieselfde aand in dieselfde restaurant twee meisies vir ete gehad.

Omdat ek in Suid-Afrika al iets soortgelyks gehoor het, hoewel darem nie die twee gelyk op dieselfde aand nie, is ek heeltemal geneë om iets daarvan te glo.

Twee jong Frans-Kanadese chemici wat die vorige Saterdag getroud is, het vertel hulle het lank aan die troue gereël, alles, tot die wittebrood in Griekeland. Hul ouers het hulle doof gehou toe hulle om geldelike hulp vra. Hulle het dus maar voortgespartel en self die geld vir die onthaal, die rok, die blomme en die vakansie bymekaar gemaak.

Toe hulle ná die plegtigheid op die treetjies van die kerk verskyn, kom 'n ouerige man uit die bloute na hulle toe en haal sy tjekboek uit. Hy sê hulle lyk so gelukkig, hy sal vir alles betaal – onthaal, rok, Griekse toer, die lot. En net daar op die trap gee hy hulle die tjek.

Die vrou bly 'n oomblik stil toe ons haar aanstaar: "Dis waar! Die man met die tjekboek was my pa. Hy, my ma en my skoonouers het dit mooitjies alles as 'n verrassing vir ons beplan."

Spontaan klap almal hande.

In 'n onsinstorie skuil dikwels 'n hele stuk waarheid.

Maar toe kom Charlotte, die afgetrede patoloog van Minnesota, en span die kroon: "Ek is oor die sewentig. 'n Paar maande gelede was ek aan die sterf aan kanker. Ek het vir die Here gebid om my so gesond te maak dat ek Griekeland, my geboorteland, weer kon sien. En kyk, hier is ek."

Ons het stil geword om die tafel. Skielik het die toon van die gesprek verander. Die grappies het ernstig geword.

Amen, het Leo saggies maar hoorbaar gesê. En amen het ons almal stil-stil geprewel.

Want tussen die gode en die mites en die grappies is God altyd groot.

SPAAR JOU VIR DIE DANS

Baiemaal dink ek aan Audrey Blignault se hupse storie van die dominee wat daar in Swellendam se wêreld gaan huisbesoek doen het. Hy het twee oues van dae skerp aangespreek oor hul liefde vir dans, doerie tyd een van die groot-groot sondes. Maar die oues was reg met 'n antwoord: "Ons is Dawidsmense, dominee," het hulle hom getroef. "Ons twee huppel graag."

In daardie jare was enige vorm van dans vir 'n lid van 'n gereformeerde kerk die voorportaal tot die hel. In my eerste gemeente het ek die reste van so 'n houding nog duidelik aangetref. Op troues is nie gedans nie; om te vergoed is daar geëet asof daar nie weer 'n môre sou wees nie. Soms het hulle suutjies vir my kom vra wanneer ek wou ry, nie omdat hulle onbeskof was nie, maar omdat hulle skelmpies wou dans en bang was vir die "kerklike tug".

Vreemd tog hoe dinge verander het. Sowat veertig jaar gelede is nie net oor dans gefrons nie, maar ook oor 'n vrou wat lipstif gebruik en "broek dra". Vandaar die ou grap van die dominee wat by die huis aangekom het en die seuntjie gevra het waar sy ouers was.

"Ma kom nou-nou, dominee," het die seuntjie geantwoord. "Sy sê dominee moet maar solank ingaan en wag; sy trek net gou haar broek uit."

Baie "fatsoenlikhede" van gister word vandag as onsin uitgelag. Môre sal vandag se "fatsoenlikhede" uitgelag word en baie "onfatsoenlikhede" van vandag is môre dalk aanvaarbaar. Kyk maar hoe pryk gister se lagwekkende, "common" kitsch vandag triomfantelik teen die mure van die avant-garde in Melville en Observatory.

Onlangs wou 'n ouerpaar by my weet wat hulle met hul sestienjarige seun moes aanvang. Hy het 'n goue ring in sy tong laat sit. Die spulletjie het glo ontsteek en hy het by die skool flou geval. Ek het gesê hulle kan hom op 'n bedaarde manier laat verstaan dat hulle die ring nou nie juis as 'n pronkstuk beskou nie, maar dit sit nou en hy moet op 'n dag maar self uitvind of die "statement" wat hy wou maak werklik, saak maak.

Maar terug by die dansstorie. Ek is een van die mense wat op my dag die klavier kon bydam dat dit dreun. Die ritme het ongelukkig net in my hande gebly – my lyf en voete speel nie saam nie.

Maar ek verwonder my aan die Dawidsmense wat die wals en die tango en die cha-cha (of is dit ook al uit die mode?) met oorgawe kan dans.

Dit bring my by my eintlike storie.

Verlede jaar staan en wag ek vir die vliegtuig na die Seychelle, my tweede besoek aan dié eilandparadys. Die mense dáár glo nie verniet die tuin van Eden was op Praslineiland nie.

Die vlug was vertraag en 'n ieder en 'n elk het maar met mekaar geselsies aangeknoop terwyl ons wag. Langs my het 'n ou tante in 'n rolstoel gesit, een van die lugdiens s'n, gestoot deur 'n lid van die kajuitbemanning. Sy was asvaal en stil.

Ek het haar so om en by die negentig geskat, maar toe ons later begin gesels, vertel sy my sy is ses-en-tagtig. Sy woon eintlik daar op die eiland. Sy het vir haar kinders in Suid-Afrika kom kuier. Ja, het sy eg Frans geknipoog, sy "geniet nog die lewe voluit".

Nou toe nou, het ek gedink, vertel my eerder van feetjies en kabouters, gedagtig aan wat ek oor Browning se "grow old with me" te sê het.

Maar toe begin sy my haar storie vertel. Fassinerend. In der waarheid 'n sprokie van reis en avontuur en mense ontmoet en vreemde plekke sien en anderster kosse eet. En dans.

Sy is op Mahe-eiland in die Seychelle gebore. Sy het steeds haar huis in dié tropiese paradys. Haar ouers het haar op agtien universiteit toe gestuur in Parys, waar sy in die skone kunste gestudeer het. Sy het Claude Debussy se dogter geken.

Op haar terugvaart na die Seychelle het sy en een van die skeepsoffisiere op mekaar verlief geraak. Een aand het hulle in die maanlig op die dek gedans, en hy het haar om haar hand gevra. Sy het ja gesê, en die skeepskaptein het hulle getrou.

Haar ouers was glo nie te danig oor dié blitshuwelik nie, maar saam met haar man het sy die wêreld deurkruis. Hulle het 'n tyd lank in Hongkong gewoon, toe in Kalkutta, toe in Londen, toe in Parys, selfs 'n paar maande op Fidji. Haar man was later hoof van 'n redery en hulle moes talle glanspartytjies bywoon.

Sy het prinse van geboorte en prinse van die handel aan haar tafel onthaal. Die Aga Khan was een keer by hulle op besoek. In Hongkong het sy en haar man op 'n keer duisend gaste in die beroemde Jockeyklub onthaal.

Nou is haar man nie meer nie, het sy vertel, maar sy kom goed reg: 'n mens moet net nie sit en treur en tyd mors nie.

Ons groet toe die vlug vertrek. Die bemanningslid het haar met rolstoel en al na die vliegtuig laat ophys en haar half na haar sitplek gedra. Sies tog, het ek gedink, hoeveel van die ou tante se stories was feit en hoeveel verbeelding? Dalk sommer net die ydel praatjies van 'n halfseniele ou mens wat nie eens meer op eie stoom op 'n vliegtuig kon kom nie? Onsin?

Met die afklimslag het ek haar nie weer gesien nie. Daar was te veel mense op die lughawe, onder meer omdat 'n groot kongres op die eiland aan die gang was.

Maar een aand stap ek langs die loom see in die nat sand, daar waar die vioolkrappe ná sononder so graag hul ronde gaatjies grawe.

En wie sou ek stadig sien aankom, al met die pieperige golfies langs, skoene in die hand? Reg geraai, die einste sy – my ou tante van die lughawe en die rolstoel.

Ons groet en sy vertel dat sy tot doer by die onderste hotel gestap het en haar verwonder aan die mense. Sy vra of ek nie 'n bier saam met haar wil drink nie. Haar huis is net agter die hotel.

Ek kon my oë nie glo nie. Was hierdie vrou met die blos op haar wange dieselfde mens as die asvaal figuurtjie in die rolstoel? Maar etiketshalwe vra ek liewer niks. Ons drink saam 'n ietsie en sy vertel van die mense van die eilande, van al die legendes en van die Klein Parys wat Victoria, die hoofstadjie van Mahe, in haar jong dae was.

In die skemer groet ons en wens mekaar weer alles toe wat voorspoedig is. Later die aand sit ek op die hotelstoep en lees en ginnegaap toe 'n "inheemse" orkes die metaaltromme begin slaan en paartjies stadig na die klein dansvloer drentel. Later word dit al hoe kwater.

Hulle het die "sega" gedemonstreer en gedans, 'n eenvoudige passie met een-voet-voor, een-voet-voor en die een hak in die lug. Dit had glo sy oorsprong op Mauritius, maar die Seychellese sê dis eintlik hul eie minigalop. Hulle is die sega-wêreldkampioene.

Die tromme het ál harder gedreun. Die saksofoon het toonleer af en toonleer op geblaker van die lekkerte. Die dansers het balke toe gehou.

Toe sien ek haar skielik uit die menigte huppel. Die voordanser vir wie die ander dansers plek maak en hande klap met "Sega! Sega!" Sy is ligvoets, soos 'n fee. Een-voet-voor, een-voet-voor. Ja, einste weer my ou vriendin van die rolstoel op die lughawe.

Toe die orkes 'n ruskans vat, loop ek effe vervaard na haar toe. Wat se streke sou sy nog alles uithaal?

Sy het vrolik in my gesig gelag. Sommer dertig jaar jonger.

"Hoekom frons jy so?" wou sy weet. "Omdat hulle my op die lughawe in 'n rolstoel na die vliegtuig geneem het?

"Wel, hulle het my 'n rolstoel aangebied. 'n Ware dame weier nooit goed bedoelde hulp nie. En ek het gedog: dis goed so, dan spaar ek my vir die dans. Want, 'my boy', moet nooit dink die wêreld is net blote werk en verdriet nie. Dis twak. Daar is altyd iewers 'n dans. Selfs al sit jy net 'n plaat op en sega op jou eentjie."

Ons dans soos blare in God se wind

Onlangs lees ek weer wyle Rona Rupert se laaste boek, eintlik 'n onvoltooide manuskrip wat deur Danie van Niekerk, 'n vriend, persklaar gemaak is: *In die Skadu van die Berg Athos*.

Rona vertel van jare se belewenisse in Griekeland, veral op 'n eiland in die Egeïese See. Hierdie eiland is in die buurt van die beroemde berg Athos, waar Grieks-Ortodokse monnike al eeue lank woon, 'n sentrum van godsdiens, 'n soort mengsel van mite en mistiek. Vroue en motors word nie daar toegelaat nie. Mans wat die ou kloosters wil besoek, moet dit met dapper en stapper doen.

Rona sê dit nie in haar boek nie, maar dis hier waar onder andere die skrywer Nikos Kazantzakis, die skepper van *Zorba die Griek*, 'n tyd lank as monnik gewoon het. Hier het hy 'n gesig gesien van God se skepping as 'n boom, oortrek met blare. Mense is die blare, en elke blaar dans en spring in God se wind sodat die hele boom ritsel van polsende lewe.

Rona se boek is 'n kroniek van hoe sy as blaar in God se wind gedans het, siekte en al. Totdat sy haar begin gereed maak het om af te val.

Sy skryf hoe Griekse vriende van die eilande haar op Stellenbosch besoek het. Sy was in die hospitaal, terminaal siek: "Giorgos kom sit elke dag een of twee keer voor my bed en vertel my dat Manolis die kerse in die kerk aansteek, en dat ek gesond sal wees, en die volgende Paasfees op die eiland saam met hulle sal vier ..."

Die voorspelling het waar geword. Rona-hulle hét inderdaad die Paasfees saam met haar familie en vriende in die skadu van die berg Athos gevier. 'n Paar maande daarna het haar tyd gekom en is sy in God se wind afgewaai. Haar as is in die Hantam gestrooi, waar sy 'n kind was.

Toe sy geleef het, het ek Rona maar net so hier en daar skrams raakgeloop. Maar seker vanweë die boek bly sy in my gedagtes, elke jaar, veral wanneer Paasfees nader kom.

En haar eiland. Want ek is weer op pad na Griekeland.

Om die een of ander rede sal ek nie uitkom waar Manolis die kerse aansteek en die sterre blink skyn in die donker nag by Skiathos nie. Maar ek sal aan haar dink wanneer die omie sy draai-orreltjie op die kafeeterras in die Plaka begin speel. Of wanneer die priester in sy swart rok die Trisagion aanhef in die klein kerkie op die Lukabettos. Of wanneer die seilbote uitvaar uit die hawe van Heraklion. Ek sal vir haar 'n kers aansteek in die donker kerkie van Agios Euangelistos.

Dis 'n gedeelde liefde, Rona s'n en myne, vir Griekeland.

Die ou Grieke het vertel dat die geeste van heengeganes van anderkant die Styx roep: "Dink aan ons! Want elke keer as julle aan ons dink, leef ons weer by julle."

Dis mooi. Soms sit en dink ek aan mense wat ek geken het, veral geliefdes, wat in God se wind weggewaai het.

Maar ander wat ek bloot in die verbygaan geken het, roep as 't ook ware na my: "Onthou jy ons nog?" Soos 'n ou oom en tannie wat ek jare gelede besoek het toe ek jonk was.

Hulle het ook naby 'n berg gewoon, oftewel, hulle het die bonkige heuwel waaronder hul huisie gestaan het, 'n berg genoem. 'n Klompie kilometer verder, anderkant die tolbosse en die heide en die riete, was die blou see.

Een maal per maand het hulle met hul donkies en karretjie dorp toe gekom. Een maal per jaar het ek by hulle langs gegaan, met Bybel en teks.

Een oggend het ek op hulle afgekom waar hulle in die son gesit en perskes skil het wat die tannie wou inlê. Hulle was vreemd stil. Later het die tannie uitgeblaker dat hulle twee "woorde gehad het".

En net daar pak hulle mekaar weer, maak nie saak dat ek dit aanhoor nie, nogal oor die donkies. Die oom het die vorige aand vir die tante gesê hy sou die hek van die tuinkampie toemaak, maar óf hy het nie óf hy het die konsertinadoringdraad nie goed ingehaak nie en die donkies het die tuin geplunder.

Daardie twee oues sou goed gepas het in die skadu van Rona

se Athos. Eenvoudige, selfs primitiewe mense, met drif en ... gelatenheid. Sonder swier of verskoning.

Nie dat hulle nie oor onsin kon stry nie, soos die meeste stryery maar. Of hulle erg kinderagtig kon gedra nie.

Die tante het skielik opgestaan en gaan koffie haal. Sy het vir my geskink en die koppie aangegee. Sy het die oom geïgnoreer. Hy het gesug en vir homself gaan skink. Ek het besluit dis beter om my uit die alterkasie te hou. Die tante het voortgegaan met perskes skil en die oom het die warm pikswart vog kliphard gesit en opslurp.

"Ja, en wat wou jy nou weer sê, dominee?" vra sy en kerf 'n pit behendig uit die perske wat plong in die skottel. Ek sê ek wou niks sê nie, en roer versigtig my koffie.

"Kyk," sê sy, "ek en die oom lewe al oor die vyftig jaar saam. Maar as hy my so die maai in maak, het ek sommer lus om myself te ontlewe!" En sy beduie met die knipmes oor haar keel.

Maar net daar bedink sy haar, staan op en maak die oom se koppie weer vol. Toe spreek sy die woord tot sy bevryding: "Toe maar, ek bly nooit vir hom kwaad nie, dominee. Ons twee kom al te lank saam. Ek het vir hom gesê as een van ons doodgaan, moet sy gees hier bo-op die berg vir die ander een wag. Dan kan ons saam vortgaan, die ewigheid in."

'n Paar maande gelede het ek weer in daardie geweste gekuier. My vriend Jantjie Horn wat langs die Gouritsrivier 'n groot boerdery het, het my in sy Pajero gaan rondgewys. Ons het by die twee oues se huisie verbygery. Daar is net murasies oor, en 'n stukkie verrotte rietdak. Die paadjie daarheen is feitlik toegegroei.

"Hou hier stil," het ek vir Jantjie gesê en uitgeklim.

Dit was 'n lieflike oop dag en 'n ligte herfswindjie het deur die tolbosse gewaai. Vir 'n paar oomblikke was dit asof ek hulle weer kon hoor, asof iets van hulle tog in die ruïnes agtergebly het.

Niemand kon my sê wie van die twee ou blare eerste afgewaai het nie. Dis al te lank gelede. En sou die een vir die ander gewag het? Seker nie, want dit was maar bloot 'n liefdevolle stukkie onsin wat die tannie kwytgeraak het, omdat sy spyt was oor hulle onaptytlike onderonsie.

Maar onsin of te nie, hulle het hul eie driftige dans in God se wind gedans, in die son tussen die berg en die see. En dit was goed.

    Dit was baie goed.

Vliegtuie skryf liefde,
maar 'n rolstoel sê dit ook

Kort voor Kersfees stap ek onder die koel jakarandas en platane van Saxonwold toe ek die gedreun van 'n hele paar vliegtuie hoor.

Ek kyk op en daar is hulle: vyf stuks van die naaimasjiensoort, met enkelbladskroewe en dubbelvlerke en plek vir een passasier. Soos kwaai naaldekokers vlieg hulle, netjies in 'n ry, byna vlerk aan vlerk, hoog in die Johannesburgse asuurblou lug ná die reën, met die son wat op hul vlerke blink.

Toe begin hulle met hul missie. 'n Rookpluim borrel agter elkeen uit: gelyke hoeveelhede op dieselfde hoogte; alles uitgevoer met militêre presiesheid.

Ek staan oopmond boontoe en kyk. Watter reklametruuk sal dit nou weer wees? 'n Boodskap van watter firma dat 'n fees nie volmaak is sonder sy vodka of sjampanje of hardehout of vaaljapie nie? Of watter doodspolis om te koop – dis meesal maar ouerige mense wat in ons deel van die stad woon. Wat wil die vyf vliegtuie met hul haelwit rookpluime in die lug skryf?

En toe kom die groot letters teen die blou en die son: LARA ... I ... WILL ... LOVE ... YOU ... FOREVER – met 'n uitroepteken agterna.

A, wat 'n wonderlike gesig!

Ag, wat 'n simpel, geklike, onsinnige geldmorsding!

Iewers in ons buurt het 'n ware Don Juan besluit hy wil iets totaal anders vir die liefde van sy lewe doen. Toe huur hy die vliegtuie en hulle skryf sy ewige trou teen die blou. Die tjek moes hy seker vooraf uitskryf. Volgens my kennis van dié soort advertensie, sommer 'n grote.

'n Mens sou seker kon sê as sy geld hom gepla het, kon hy dit beter bestee het. Hy kon in die feesseisoen vir 'n hele paar honderd arm, honger mense kos gekoop het. Hy kon vir talle onderdak gegee het met die geld. Toe mors hy dit sommer uit op iemand wat hy liefhet.

Tja, Judas het op 'n dag ook so iets gesê. Hy het gereken die vrou wat Jesus se voete met duur salf gesalf het, kon dit liewer verkoop het en die opbrengs aan die armes gegee het. Dit maak sin.

Soms maak die bose uitstekende sin.

Maar soms vra die liefde 'n klein bietjie waansin. Soos die ou storie van die galante kêrel wat in die Boland die lewensgevaarlike hoogste krans gaan klim het om vir sy geliefde die mooiste rooi bergdisa te pluk.

Vliegtuie wat liefdesbriewe skryf, is van die mooi en lekker dinge in die wêreld. Hoe sou die flukse minnaar gemaak het dat Lara juis op daardie oomblik buite sou wees om op te kyk en sy boodskap te lees? Het hy met haar ma afgespreek? Of met een van hul kinders? Wil hy met haar trou en vra hy só om haar hand? Of is hulle al jare getroud en dít die herbevestiging van 'n liefde wat die toets van tyd deurstaan het?

Dít sal net Lara en haar galante minnaar weet. Ek is spyt ek het nie my kamera by my gehad om dit af te neem nie. Maar ingeval Lara dalk hier lees: ek hoop dat jul liefde altyd so avontuurlik, springlewendig, heerlik en uit wans uit sal wees.

'n Week ná die liefdesboodskap in die lug gaan koop ek gou iets in die groot winkelsentrum langs ons buurt. Alles is feestelik, met Kersvaders wat aan die kinders drukkies uitdeel en takbokke wat op en af in wattesneeu wieg.

In die gewoel hoor ek iemand na my roep. Ek sien niemand wat ek ken nie, en stap aan. Maar weer roep iemand agter my aan. Toe ek omkyk, kom 'n vrou van so om en by die veertig op my afgestorm.

"Ek het doer anderkant al vir dominee Izak gewaar, toe sê ek vir my man: ons móét hom groet."

Eers herken ek haar nie, maar toe sy haar naam sê, onthou ek, eers vaagweg en toe in besonderhede.

Sy was 'n gemeentelid, baie jare gelede. Ek het haar en haar man in die huwelik bevestig. Dit was maar 'n onstuimige verhouding; kort voor die troue wou sy kop uittrek. Daarna het dit ook maar hak en tak gegaan: hy wat sy goedjies pak en sy wat in die woonstel sit en huil, en dan weer sy wat by vriende intrek en hy wat dikmond tuis sit. Twee harde klippe wat mekaar gemaal het.

"Ek en my man praat nog baie van dominee Izak," sê sy en spaar my die vraag of dit nog einste hy is wat in die prentjie is: "Hy wag hier anderkant met ons pakkies. Wil dominee Izak nie gou vir hom kom hallo sê nie?"

Sy vat my aan die hand en ons gaan na die man met die pakkies. Op pad vertel sy dat hy soms terneergedruk raak nadat hy "so siek" geword het en sy werk verloor het, maar dat hulle taamlik goed aangaan en lief is vir mekaar. "Baie liewer as toe ons dominee Izak so gepla het," sê sy met 'n knipoog.

Toe kom ons by haar man wat om 'n hoekie – "uit die pad" – wag. Hy sit in 'n rolstoel, klaarblyklik die slagoffer van 'n uitmergelende senusiekte. Op sy skoot hou hy met gekromde hande 'n Checkerssak vas.

"Jammer, ek kan nie opstaan nie," spot hy goedig, "maar ek kan darem die pakkies vashou en my vrou se lyfwag wees."

Ons praat oor ditjies en datjies, maar tussendeur biggel daar 'n klein traan in die vrou se oog. Haar man sien dit en steek sy vervormde hand na haar uit. Sy druk dit en hou dit vas.

"Ek sê altyd vir hom, ons twee is geseënd. Ons is deur diep waters, maar ons het nog mekaar en ons is lief vir mekaar. Hy is mooi met my."

Later groet ons. Ek bly eers staan en kyk hulle agterna. Al geselsend stoot sy hom deur die gewoel. Kort-kort gaan hulle by 'n winkelvenster staan en sy beduie opgewonde met haar hande. Hy sit met die Checkerssak op sy skoot en kyk na haar asof sy die engel van Maria self is.

Toe kom daar 'n lastigheid in my keel sit, maar ook opwinding, presies soos toe ek in die lug agter die vliegtuie van Lara en die ewige liefde lees. Maar dié keer met nóg groter verwondering oor die liefde met 'n traan in die oog, die gekromde hande, en 'n vrou wat opgewonde tussen vrolike winkels 'n rolstoel stoot.

Met waskom en seep voor God se troon

Toe ek haar destyds leer ken, was sy reeds so half en half afgetree as distriksverpleegster op Albertinia.

Mense het met ontsag van haar gepraat. Die soort ontsag wat 'n pikante brousel is van waardering en 'n bietjie spot, van liefde met meer as oppervlakkige versigtigheid. Daardie gesindheid waarmee 'n kleindorpse gemeenskap 'n ietwat eksentrieke karakter bejeën.

Suster La Grange se woord was wet. Sy het pille uitgedeel; ingespuit en geënt; ma's babakos leer aanmaak; pa's die leviete voorgelees dat daar nou genoeg kinders in die huis is (en dat dit tyd is dat "hulle hulle begin gedra"); doodsiek kinders met krampdruppels, behoedmiddel en kruie deurgehaal; ondrinkbare medisyne vir griep en spatare aangemaak; dooies uitgelê; en by feitlik elke begrafnis met gedissiplineerde bewoënheid, byna soos 'n drilsersant, weduwees met 'n botteltjie vlugsout bygestaan.

By mense waar Bybellees en mooipraat nie meer gehelp het nie, het ek soms haar hulp gaan inroep. Soos die keer toe 'n vroueslaner my goedsmoeds beduie het 'n vrou moet ook getug word en dat hy buitendien in sy huis maak soos hy wil, g'n predikant of "poliesman" skryf vir hom voor nie.

Toe ek die aftog blaas en my nood by Suster gaan bekla, sê sy saaklik: "Toe maar, dominee, jy is nog jonk. Vir sy soort is jy nog te dom. Ek is oud en afgeleef. Ek kén hom met al sy streke. Gaan jy maar huis toe. Ek sal nou-nou daarlangs loop. Moenie jou bekommer nie. 'I'll put the fear of God in him!' "

Van die bure het ek later gehoor die man het net-net 'n gesonde drag slae gespaar gebly.

Daar was die keer toe hulle my geroep het na waar 'n oom in sy tuin dood neergeslaan het. Die dorp was tydelik sonder 'n dokter. Ek het die man se pols gevoel, met 'n flits in sy stil oë gelig, bedees verklaar dat hy gesterf het, hom na 'n bed in die kamer gedra en die gesin probeer troos.

Dit was ietwat van 'n chaos. Van die skok het hulle histeries aan die huil gegaan.

Ek het Suster gaan roep. Met die intrapslag bulder sy bo die gekerm: "Stil!" Daarna was hulle soos muise.

In 'n gemeenskap waar swaarkry in 'n hele paar huise gekom het om te bly, het sy op haar primitiewe manier pyn verlig en hoop gegee. Sy het derduisende babas in die wêreld help bring.

Een outjie wat feitlik sonder 'n vel gebore is, het sy met olyfoliesponse aan die lewe gehou. Dokters het later hul hande saamgeslaan oor die wonderwerk wat sy verrig het.

Want sy kon ook merkwaardig sag wees. Toe ons jongste kind gebore is, het sy drie maande lank in ons huis kom woon en die kind feitlik dag en nag versorg. Watter weelde. Sy het haar sommer ook self as huisbestuurder aangestel.

Daarom dat sy taks die voordeurklokkie beantwoord het. Dikwels met 'n kwaai kyk en: "Wil julle nou weer die dominee met julle nonsens kom hinder?"

Dit was opmerklik hoe "besoeke" met allerhande klagtes en probleme by die pastorie skielik afgeneem het.

Maar in haar eie huis het sy selde iemand toegelaat. Waarskynlik omdat sy 'n versamelvoël was soos ek nog nooit teengekom het nie: kanne, bakke, ou tafeltjies, droë blomme, 'n driepootpot, rakke vol medisyne, mooi klippe, ou tydskrifte tot teen die dak gestapel.

Op 'n dag het 'n groot geelslang doodluiters haar huis binnegeseil.

"Arme Suster," het die mense gesimpatiseer, "waar gaan sy ooit daardie slang kry?"

"Arme slang," het een van haar vriende gekorswel, "waar kry daardie slang ooit vir Suster?"

Daar was die keer toe sy 'n verwaarloosde pasiënt moes gaan versorg. Die man het hom glo in maande nie gewas nie. Suster het summier met die waskom en seep ingespring. Teen die aand het die pasiënt gesterf. Daarna was menige kranklike gou-gou weer springlewendig op die been as hy hoor Suster is met haar waskom op pad. Sy het haar nogal oor dié reputasie verkneukel.

Toe ek uit Albertinia weg is, het sy my soos 'n ma teen haar groot bors vasgedruk. Sy het na skoon seep en oliekolonie geruik.

'n Tyd gelede, ná baie jare, het ek haar gaan opsoek in haar kamertjie in die ouetehuis op Riversdal toe ek in daardie geweste was. Vooroor geboë, met yl grys hare, sit sy op haar bed, naaldwerkie in die hand. Sy weet nie dadelik wie ek is nie. Die gitswart oë bekyk my op en af.

"Is jy een van die Lourense van Gourits?" raai sy.

Ek help haar reg. Stadig verskyn die glimlag van herkenning.

"Hoe gaan dit, Suster?"

"Oud en afgeleef en mismaak. Agt-en-tagtig gewees verlede jaar. Is van gister en eergister." Sy sit die handwerk neer. "Ek vroetel nou maar sommer. Maar hierdie hande kon wérk. Onthou jy nog die kind wat sonder vel gebore is? Dit was my grootste triomf ..."

Toe ek gaan, soen ek haar. Sy ruik na ontsmettingsmiddel, nie meer na skoon seep en oliekolonie nie. Een van die laastes van haar geslag, ware karakters, mense wat liggaam en siel by ander betrokke was – lief en leed, geboorte en dood. 'n Geslag wat min gevra en baie gegee het, mense van skoon seep en oliekolonie.

Dalk het alles té ontsmet geraak.

Miskien is ons te wetenskaplik, te sogenaamd beskaaf, te wysneusig modern. Vir suster La Grange en haar soort was daar min keuses, en min tyd vir onsin.

"Mense moenie met my jakkalsdraaie probeer hardloop nie," het sy meer as een keer gesê. "Ek sal hulle bykom en die verskil tussen reg en verkeerd in hulle in moker. Julle predikante praat te mooi met die mense. Te veel van liefde en te min van plig."

Dit was haar wysheid. Effe hard, geen fraaiings. Maar haar plig was die uiting van haar liefde. Dit is in die lewens van mense geskrywe.

By die deur het sy my 'n oomblik vasgehou: "Dit was nou 'n verrassing," mymer sy. "Dit was 'n Krismisboks."

Sowat 'n maand gelede het iemand my vertel dat Suster oorlede is. Sommer skielik. Stil in haar slaap.

Daar was glo min mense by haar begrafnis. Net 'n paar familielede en ou vriende wat onthou het. Dit is, soos my pa dikwels gesê het, die vreemde beloop van die lewe. Maar Suster, soos ek haar geken het, sou nie omgegee het nie. Eerbetoon was onsin vir haar en haar soort.

Miskien, eendag daar bo, as daar dalk rye gevorm word, derduisende rye voor die troon van God, sal die staatsmanne en die sterre, die glansmense en die regeerders dalk agtertoe wyk voor die werkers, hulle met die waskomme, die pilbotteltjies, die seep en die oliekolonie.

Dit sal mos, menslik gesproke, volgens God se skaal van dinge sinvol wees.

Ervaring weet beter as Heidegger of Sokrates

Ek is by die ouderdom dat 'n mens begin terugkyk.

Soms sit ek en droom en sê dan vir my gesin: "Het ek julle al vertel van die dag toe ek en my skoolmaats 'n baber in die skool se visdam gegooi het?"

"Ja," sê hulle in 'n koor, "en die volgende oggend was die goudvisse opgevreet en het daar net 'n groot vet baber in die dam geswem, en toe moes julle almal na skool bly tot een sou sê wie dit gedoen het, maar ten einde raad het hulle julle maar laat gaan ..."

"O, dan weet julle daarvan, maar het ek julle al vertel van die dag toe ek ons skoolkonsert gehou het ..."

"Jaaa," kom dit weer. "En toe steel Pa al die hele 'show' en die onderwyser sê Pa moet aan 'n toneelloopbaan dink en later het Pa in *The Mikado* gesing en in 'n speurverhaal opgetree en in *Macbeth* en ..."

"Toe maar, ek wil julle nie verveel nie, maar Penny (my skoondogter) het dit nog nie gehoor nie ..."

Ja, sê Penny, sy het dit ook al gehoor.

Dis nogal 'n probleem: jou liefdevolle terugblik is iemand anders, veral jou kinders, se onsin.

Hoekom doen mense van my ouderdom dit? Van baie van die mense en gebeure waarvan jy vertel, weet hulle nie eens nie. Die dinge van die verlede waarin jy jou so kan verlustig, soos die vet baber in die visdam, is vir ander dikwels maar bra simpel.

Miskien dink 'n mens nie net terug nie, jy léwe sulke oomblikke terug. Daar is inderdaad oomblikke wat ek sal wil oorhê, maar die meeste kan maar bly.

'n Groot deel van die wonder van die lewe op aarde is juis die skoonheid van verganklikheid. Die blom wat vandag in al sy glorie oopgaan in die son, verskroei uiteindelik in daardie selfde son. En wanneer die lente weer kom, is daar 'n nuwe blom. Net só is die mens deel van die getye.

In dié byna weersprekende wetmatigheid is daar 'n onpeilbaar sinvolle bekoring. Oor nog dertig jaar sal ek beslis nie meer hier wees nie. Dalk heelwat vroeër al nie meer nie. Dis in orde. Want 'n nuwe geslag moet met nuwe denke en planne voortgaan.

Ek was 'n gelukkige kind in 'n gelukkige huis. Maar ek wil nie weer kind wees nie. Ek wil nie weer my sakdoek en my naels vir die juffrou wys nie. Of klavierles toe loop en oor my kneukels geraps word omdat ek nie geoefen het nie. Of ná skool bly omdat ek my klaswerkboek vergeet het nie.

Nege jaar lank was ek 'n student op Stellenbosch (later nóg 'n jaar aan die Universiteit van Kaapstad), ietwat stug en stroomop, 'n doodswotter nadat 'n professor my 'n keer skerp oor luiheid aangespreek het. 'n Jaar lank het ek 'n yl baardjie vertroetel, net om my "erns met die lewe" te bewys. Ek het "duister" gedigte geskryf.

Ons het lang diskoerse oor die eksistensialisme gevoer, dat die mens nie ís nie maar wórd. Wat dit vandag ook al mag beteken. Ons het ons eie onsin met groot agting bejeën.

'n Tyd lank het ek my nogal gestoot aan my ma en pa se "kleinburgerlikheid". Ek wou vir hulle stukke uit Heidegger voorlees, of 'n gedig van N.P. Van Wyk Louw, of van Sokrates se gifbeker vertel, of vir hulle Spearman se Wette verduidelik. Maar so onder die voorlesery deur het hulle begin gesels oor waar hulle daardie jaar wou koolplantjies plant en of die rose in die koue later gesnoei moes word.

Vandag onthou ek nog so 'n ietsie van Spearman en Heidegger, maar ek wonder soms of Ma-hulle nie wyser was met hul bespiegeling oor 'n plek vir die koolplantjies nie. Ek betrap my soms dat ek hul "onsinnige" boerse wyshede as feitlik evangelie aan ander oordra. Toe ek 'n student was, het ek my daarvoor geskaam.

So alwetend jonk wil ek nie weer wees nie.

Ek het my "openbare lewe" as predikant op Albertinia in die Suid-Kaap begin. Op 'n hittige Saterdagmiddag om twee-uur het ek met my manel, strikdas en bef die kerkgebou binnegestap en ná 'n diens van sowat twee uur met 'n toga oor die manel daar uitgestap. Die dominee van die dorp.

Daarna het die gemeente vir ons 'n onthaal aangebied wat 'n koning waardig sou wees. Teen die aand het ons ons oudste kind (toe 'n jaar oud) begin soek. Ons het hom ewe tevrede op 'n kombers in 'n gemeentelid se tuin gekry, omring van koekies en poeding. En met 'n maag wat ons die nag voor die intreepreek, met skoon doeke en medisyne laat bontstaan het.

Vyf-en-twintig jaar later het ek die gemeente weer besoek, en weer is ons soos konings ontvang. Ek het na my foto teen die konsistoriemuur gekyk, eintlik maar 'n seun tussen die waardige ou here met hul grys baarde. Ek was bekend as 'n "vurige" prediker wat graag oor die hel en sy pyniging gepreek het; oor die vinger van God wat jou sondes uitwys; oor die Alsiende Oog; oor die smal weg waarop min mense loop.

So in die loop van sake en die hittigheid van oomblikke het ek in die naam van geregtigheid baie onsin kwytgeraak.

Die gemeente was geduldig. Maar dit het dáár reeds alles sagter begin word. My ou professor het my eendag daar kom besoek, die einste J.C.G. Kotzé, maar hy wou nie preek nie. Hy wou na my luister. Agterna het hy my eenkant toe geroep en sag gepraat: "Dit was 'n mooi preek," het hy effe verskonend gesê, "maar onthou dat die evangelie sy eie oorredingskrag het. Jy kan maar net rustig die storie van die Heer vertel, en Hy self sal die mense oortuig."

Dit het ten minste die sondelyste uit my preke laat verdwyn. Ek het tussen doop, Nagmaal en begrafnisse geleer dat God inderdaad liefde is.

Liefde is sy Wese.

Ek is ook nie spyt dat ek op 'n klein dorpie begin het nie. Dit is soos 'n groot gesin waar almal na almal omsien. En mekaar lieflik beskinder. Maar ook dít is 'n vorm van dissipline: jy moet aanvaar jy word dopgehou en jou daarvolgens gedra.

Op 'n besondere manier het hulle my van die wolke van die filosofie en die sielkunde aarde toe gebring.

Eendag het ek besoek afgelê by 'n oom wat in 'n uithoek van die distrik eensaam in 'n kloof gewoon het. Ewe ernstig wou ek by hom weet wanneer hy laas in die kerk was. 'n Maand gelede, het hy geantwoord.

"En waaroor het ek gepreek?" het ek met my inkwisisie volgehou.

Die oom het in sy vuurtjie gekyk en gesê: "Dominee, g'n mens weet waaroor jy gepreek het nie."

Met ander woorde: na sy mening het ek 'n spul geleerde onsin gepraat.

Net daar het ek al my Griekse geleerdheid, my Heidegger en Jaspers en teologiese terme wat ek so kwistig gebruik het, vaarwel gesê.

Gemeentelede het my leer gholf speel tussen die sandputjies wat ons voor elke sethou met 'n yster moes gelyk sleep. Hulle het my weer leer skaterlag. Ek is ingeroep as arbiter by menige transaksie en moes dikwels die geld in kontant vir albei partye uittel.

Die kwinkslae van die dorp se karakters bly my vandag nog by. Soos die oom wat gesê het: "Ja, dominee, die ou mensdom is mos so: as dit goud reën, sit hulle almal in die huis en skuil teen die slegte weer. Maar as dit perdemis reën, hol hulle soos mal goed uit om hulle daaraan te vergryp."

Net so het hy dit gestel, sy siening van die mensdom se sin en onsin.

Dit leer 'n mens aan geen universiteit nie, en van geen filosoof nie, altans nie in dieselfde trant nie. Dié waarheid het ek veral daagliks by die koerant ervaar. Mense raak opgewonde oor dié dinge waarvoor die oom 'n kras woord gehad het. En die dinge wat werklik saak maak, merk ons dikwels nie eens op nie.

Hierdie waarheid beleef ek nog elke dag, soos ek uit my hoekie myself en die mensdom beskou. En dan sê ek dankie dat ek dit dáár kon leer, en nie by Heidegger en Kierkegaard en Jaspers nie.

Op 'n dag het oom Japie, wat nie kon lees of skryf nie, in die kerkraad opgestaan en gesê: "Julle ken my. Ek sal my oral heen laat lei. Maar ek laat my nêrens heen dryf nie."

Heidegger kon dit nie beter gesê het nie, al het hy dik boeke geskryf.

Ek sou hierdie dinge, die lesse en ervaring vir niks wou laat verbygaan nie. Maar dis verby, soos die blom wat oopgegaan en verwelk het. Alles het hul tyd gehad. En vir een leeftyd is dit genoeg.

My troos in lewe en in sterwe

Soms dink ek terug aan die tyd toe ek gekatkiseer het. Veral die laaste veertien dae was nogal geen grap nie.

Ons dominee, dr. P.J. Loots, was 'n sagte maar ernstige man wat presies by jou wou weet waarom jy lidmaat van die kerk wou word. Soms wou hy van een van ons 'n groot antwoord hê, wat ons hoegenaamd nie gehad het nie. Maar hy het ons aangemoedig om nogtans te probeer.

Indien 'n antwoord dan wel krom en skeef te voorskyn gekom het, het hy van daardie punt af die hele saak begin verduidelik.

In die ou dae was dit nie so nie. Toe was dit soms 'n soort inkwisisie. Jong mense moes veertien dae lank op die dorp kom woon. Hulle mog nie fliek toe gegaan of eens in 'n kafee gekom het nie. Dit was die vreemde, landelike puritanisme van ons voorouers op sy kwaaiste. Elke dag moes hulle gestewel en gespoor wees; die seuns in pakke klere, die meisies elkeen met 'n hoed op. Hulle moes verkieslik net oor die Bybel gesels. En hulle moes die Kortbegrip van buite ken.

Almal eintlik onsinnige reëls, maar tog ... 'n Mens kan dit nie altyd ontken nie: Puriteinse dissipline maak 'n mens taai.

'n Tydjie gelede vertel 'n emerituspredikant my weer die ou storie van die dogter Annie, wat swaar van leer was en in die outydse katkisasieklas gesit het.

Die dominee het lank verduidelik aan Vraag 1 van die Heidelbergse Kategismus: "Wat is jou enigste troos in lewe en in sterwe?"

Hy het vertel dat hierdie Kategismus in die flikkerlig van die brandstapels opgestel is as troos vir die Protestantse Christene wat letterlik aan vurige vervolging blootgestel was. En van die geloofshelde Zacharias Ursinus en Gaspar Oliveanus wat dit opgestel het, jare gelede in die Duitse stadjie Heidelberg aan die Ryn.

Ná die dominee die Kategismusantwoord oor en oor en frase vir frase herhaal het, kyk hy na Annie. Sy sit haar vingers en tel.

En die dominee vra: "Annie, wat is jou enigste troos in lewe en in sterwe?"

Waarop Annie ewe bedaard 'n oomblik nadink en antwoord: "Dominee, my enigste troos in lewe en in sterwe is Jônnie van oom Jakoos, wat by oom Anneries se keraats werk."

Annie is op die ou end "deurgesit" omdat sy darem die "Onse Vader" met 'n haakplek hier en 'n gestotter daar kon opsê. Die ou dominees was op die ou end tog meesal genadig met die Boerematriek, soos dié katkisasie lank bekend was.

Maar soms was die dominee aan die ontvangkant.

My vrou vertel van die Griekwaprediker wat sy katkisante met die vure van die hel gedreig het, 'n besielde man wat die Skrifte in sy gemoed deurleef het. Hy het sy katkisante vertel hoe die Here met rykes en armes afreken en hoe Hy niemand spaar nie, konings, knegte, almal.

Op 'n dag was hy weer op sy stukke voor sy katkisante. Oor koning Nebukadnesar: "Julle sien, julle sien, nè? Nebukadnesar was die groot koning. En die Jere het Nebukadnesar dopgelê. En die Jere had vir Nebukadnesar gesê: 'Nebukadnesar, jy is loei. Jy lope verkeerd. Ek seg vir jou jy lope só. Maar jy, jy lope nie so nie, jy, jy bly lope sus. Jy gedenk My nie."

Die klas was doodstil. En die dominee looi Nebukadnesar: "Ek seg vir julle, toe bly lope Nebukadnesar nog sus. En die Jere was groot verêre. En die Jere sê vir Nebukadnesar: 'Nou seg ek vir jou, Nebukadnesar, omdat jy nie lope soos Ek seg nie, omdat jy lope sus, jy sal lope by die veld. Ek make van jou die bees. Jy sal vrete die gras.'

"Toe word Nebukadnesar die bees. En hy lope by die veld. En hy vrete die gras. En hy gee die dopemmer melk!"

Waarop een van die katkisante die hand opsteek en die dominee korrigeer: "Issie, Nebukadnesar hy kannie gee die dopemmer melk. Nebukadnesar, hy was die búl!"

Daardie katkisant is glo sonder verdere kommentaar deurgesit.

Maar Boerematriek is ook nie meer wat dit was nie. 'n Goeie ou vriend vertel dat die "sonde" ook maar by die Boerematriek teenwoordig was, pak en hoed en al. Terwyl die seuns en meisies saans onder die leraar en die teenwoordige ouderlinge se vrae deurgeloop het, het hulle ook ander dinge gesit en bedink en beplan.

So nege maande ná die katkisasie was daar min of meer elke jaar 'n paar onverwagte geboortes en sensuur.

Ek was leraar toe toetse en eksaminering die in ding geword het om te bepaal wie deurgaan na voorstelling of "teruggehou" moet word tot 'n volgende keer. By sinodes is mooipraatjies gepraat oor die geestelike opvoeding van die dooplidmate en nog mooier besluite geneem oor hoe eksamen afgelê moes word.

Eksamen oor jou geloof! Wie het sulke twak bedink?

Ek het my bloedweinig aan al die besluite en vermaninge gesteur, die katkisasiehandboeke eenkant gelaat en die klas meesal vir my laat vrae vra.

Tog het ek my nie heeltemal van 'n vraag weerhou nie.

Op 'n dag, nadat ek met die klas deur die boek Psalms geblaai het, vra ek 'n jong man wat ook maar swaar van leer was: "Koos, noudat ons die psalms bekyk het, wat het Dawid daarmee te doen gehad?"

Koos vat-vat so aan sy Bybel en kyk hulpbehoewend na 'n meisie langs hom. Sy het iets gefluister, maar óf sy het hom mislei óf hy het nie reg gehoor nie.

En hy sê: "Dawid het viool gespeel, dominee."

Ek reageer sarkasties met: "O, viool, nè? Seker Beethoven se klavierkonsert."

Waarop hy my vir 'n ses slaan: "Nee, dominee, hulle het toe nog nie klaviere vir 'n klavierkonsert gehad nie."

Wie onsin soek, sal onsin kry.

Maar weer by die storie oor Annie en Jônnie, wat haar enigste troos in lewe en in sterwe was: Sê my bietjie, wat is die juiste antwoord op Vraag 1 van die Heidelbergse Kategismus? Het jy dit ooit geleer? En as jy dit geleer het, kan jy dit dalk nog onthou?

Indien jy nie weet nie, gaan soek dit gerus op in die psalmboek met die formuliere. Die antwoord is een van die grootste waarhede denkbaar en begin soos volg: "Dat ek met liggaam en siel in lewe en in sterwe nie aan myself behoort nie, maar aan my getroue Saligmaker Jesus Christus ..."

Dit is die een groot waarheid wat saak maak. En troos.

LAAT ANT SALIE TOG MAAR SING

Daar was moeilikheid in die gemeente se kerkkoor. Ant Salie was die moeilikheid.

Dertig jaar lank het sy met haar hoë sopraanstem namens die koor die noot gevat.

Maar so vanaf die twintigste jaar was sy nie altyd nootvas nie. By die hoë C van die jubelende "Hal-le-luuu-jas" het haar asem opgeraak. En namate haar asem opgeraak het, het sy alles vergeet van met die midderif asemhaal. Die note het al vlakker uit haar keel gekom, al skriller en altyd so 'n halwe toon onder die ware Jakob.

Troupare het haar nie meer gevra om hulle met "Hou U my hand" en "Because" toe te sing nie. Sy het agtergekom dat haar gewildheid aan die taan was. Buitendien het daar 'n jong onderwyser op die dorp gekom wat die "Onse Vader" soos Mario Lanza kon laat weergalm.

Ant Salie se dertigste jaar as koorlid het vir groot onmin gesorg. Tydens eredienste het sy die koor al meer van koers af kruis en dwars deurmekaar laat sing.

Die orrelis het haar mooi gevra om tog maar die asemrige volume ietwat te spaar. Die koorlede het gebrom en gedreig om "die koor te bedank". Hulle het die orrelis op 'n aand summier beveel om 'n plan te maak.

En die orrelis het sy oë na die pastorie opgeslaan en gehoop dat sy hulp daarvandaan sou kom.

Aan die dominee het hy verduidelik: "Dis Oktober. Ons oefen nou vir ons groot Kersuitvoering. Ek het 'n pragtige program saamgestel. Maar dominee sal met ant Salie 'n plan moet maak. U sal haar moet oorhaal om met waardigheid uit te tree, voor sy ons hele program bederf."

Die dominee het lankal die ding sien kom. Sondae het hy geluister hoe die orrelis probeer om ant Salie dood te speel. Maar ant Salie het deurentyd op punte gewen. En soms met 'n skreeuende uitklophou.

Die dominee het geweet die saak was nou in sy hande. En hy het besluit om ant Salie op 'n mooi, persoonlike manier te gaan vra om maar liewer voor die groot Kersuitvoering op waardige wyse uit te tree "en die jonger mense 'n kans te gee".

Laat een aand bel hy haar en vra of hy maar 'n besoekie kon bring. So elfuur die volgende oggend.

Toe hy by ant Salie-hulle op die plaas aankom, kom die gevierde sopraan hom as 't ware uit die motor help. Sy soen hom, soos dit 'n ware diva betaam, op albei wange.

"Dominee," sê sy, "ek is so bly u kom vandag. Net gisteraand het ek 'n heerlike afval geskraap en van vroegoggend af prut dit met kerrie en klein aartappeltjies in die groot pot op die stoof. Dominee eet vandag hier."

Die dominee het gesluk en gedankie. Ant Salie was hom een voor. Want die dominee se gunstelinggereg was kerrie-afval. Ant Salie het dit geweet en haar kookkuns het – anders as haar sangtalent – met die jare van krag tot krag gegaan.

In die voorhuis het hulle oor koeitjies en kalfies gesels. Die dominee kon die afval ruik: aards, skerp en soet het die geur van die kerrie die geur van die veldbossies aangevul. Ant Salie het haar man beveel om solank 'n ietsie te skink. "Want dominee kuier vandag heeldag by ons en hy kan ná ete lekker in die spaarkamer gaan lê. Die stomme man moet ook 'n bietjie ontspan."

Toe die prop van die bottel waai en ant Salie ná die dankgebed groot hompe rys op die borde sit en dit oorlopens toe optop met die goudgeel pensies en pootjies en harsings en smeltsagte stukkies tong, het die dominee besluit om liewer ná die ete te praat.

Maar in sy hart het hy klaar die koor en die orrelis vir 'n tweede skep kerrie-afval verraai. Halfpad deur die tweede ronde het ant Salie die genadeslag toegedien:

"Dominee, net vanoggend toe ek my Bybel lees, dank ek die Here vir die talent wat Hy my gegee het. Dat ek met my stem kan loof en prys, veral in ons groot Kersuitvoering. Want ook hierdie talent en wat ek daarmee gemaak het, sal eendag van my geëis word. 'My kind,' sal die Here my vra, 'hoekom het jy jou talent so min gebruik?' En dan wil ek sê: 'Wat ek kon, het ek gedoen.'"

Toe skep die dominee maar nog ronde goudgeel aartappeltjies

en vat nog 'n paar goeie slukke riesling. En sonder om 'n woord verder oor die koor te sê, is hy laat die middag daar weg met 'n groot pot nog halfvol afval. Ant Salie het dit self in die kar gaan sit, met 'n sak lemoene, 'n vars gebakte brood en 'n halwe skaap.

Voor die pastorie het die orrelis die dominee ingewag. En die dominee het kortaf gesê: "Broer Orrelis, ant Salie sing. 'Finish' en klaar."

En ant Salie het gesing. En die Hallelujas het ten hemele gestyg, vals en suiwer, suiwer en vals. 'n Groot aand.

Ná die diens wag ant Salie vir die dominee by die konsistoriedeur.

"Dominee," sê sy, "vanaand het ek my laaste uitvoering gegee. Ek sou dit al aangekondig het die dag toe dominee by my geëet het. Maar toe dominee so lekker eet, het ek gedog, haai, ek kan dit nie aan hom doen nie. Toe dog ek maar, ja, omdat die Here my my talent gegee het en eendag sal vra of ek gedoen het wat ek kon, sal ek maar nog hierdie keer sing. Ek wil nie my Maker en my leraar teleurstel nie.

"Nou kan daardie onderwyser-outjie maar die leiding van die koor by my oorneem. Ek hoop dominee sal verstaan.

"En ek het 'n geskropte afval vir dominee in die kar."

Soos die dominee wat my die storie vertel het, een van my voorgangers in 'n sekere gemeente, het ek ook 'n swak vir kerrie-afval. Soos ant Salie ken my vrou die geheimenis van die gereg.

Elke keer wanneer ons dit eet, dink ek aan ant Salie, wat ek later leer ken het en wat my met net sulke hartlikheid ontvang het. Maar sy het die dominee wat haar haar plek in die kerkkoor laat behou het met sy swygende huigelary, nooit vergeet nie. Sy het hom ten hemele geprys: "Daar was nou 'n man, 'n geliefde man!"

En ek dink altyd: met al die heen en weer gekonkel en geswyg, het 'n mooi gesindheid en iemand se waardigheid behoue gebly. Sê nou maar net die dominee het die dag na die orrelis se stem van rede geluister ter wille van die suiwerheid van die Kersuitvoering? Sê nou maar hy het eers die kerrie-afval opgeëet en die wyn gedrink en toe vir ant Salie uit die koor geskop?

Onsinnige gedoentes kan, met 'n bietjie skietgee, soms tot groot en blywende oplossings en vrede lei. En 'n oormaat reguit-wees en beginselvastheid en streng optrede kan, sonder skietgee, soms die eerste skote van 'n brutale oorlog wees.

Dink daaraan, en as jy ooit so 'n keuse moet doen, laat ant Salie maar liewer sing.

Hoop is 'n wollerige diertjie
met 'n haasstertjie

In my ma-hulle se slaapkamer het 'n klein skildery van "Hoop" gehang.

Hoop is 'n vrou wat harp speel. Sy sit op 'n rots by die see. Die waters is onstuimig om haar, en agter haar steek donker onweerswolke op. Al die snare van die harp, behalwe een, is gebreek. Maar een snaar is vir Hoop genoeg. Sy speel voort.

Dis eintlik hopelose hoop, daardie hoop teen alle hoop in, waarvan Paulus ook praat.

Op die keper beskou, ontdaan van alle romantiek, is dit eintlik bog.

Of is dit?

Ek het hieraan gedink terwyl ek Erma Bombeck se trefferboek oor kinders met kanker, *I want to grow hair, I want to grow up, I want to go to boise*, gelees het. Sy het met die pasiëntjies en hul ouers oor hul vrese en verwagtings, hul speelgoed en hul voorliefdes, hul verwarring en hul hoop gesels.

"Beskryf vir my hoop," het sy 'n groepie kankerkinders gevra.

Hulle het nie op hulle laat wag nie. Hul verbeelding het op loop gegaan. Glimlagte het die bleek gesiggies opgehelder: Hulle hoop daar groei nuwe hare op hul kop, want die chemoterapie het hulle bles gemaak. Hulle hoop hulle word groot. Hulle hoop hulle ontmoet eendag oulike metgeselle.

"Ja," het Bombeck gevra, "maar as julle aan 'hoop' dink, waaraan dink julle? Kan julle 'hoop' beskryf?"

Ja, hulle kon. Elkeen het iets tot die gesprek bygedra. Vir hulle was "Hoop" 'n wonderlike diertjie uit 'n storieboekwêreld:

"Hoop is so amper 'n meter hoog."

"Hoop is heerlik donsig, lekker om vas te hou."

"En sag."

"Hoop glimlag baie en het blou oë en 'n stomp hasiestert wat heeltyd wikkel. Sy wollerige hare is die kleur van sonlig en vreugde. Een oor staan regop en die ander oor hang slap."

"Hoop giggel graag."

"En wanneer Hoop praat, is jy die enigste een wat kan hoor wat hy sê."

"Soms praat Hoop harder as ander kere. Hy moet altyd harder praat as ons bang is."

"Partykeer is Hoop effe skaam en kruip hy weg. Dan moet jy baie versigtig wees en hom soetjies-soetjies na jou toe lok. As jy geduldig is en wag, sal hy na jou toe kom."

"Hoop moet altyd by jou slaap. Jy moet hom nooit buite laat bly nie, hy is te fyn daarvoor."

"Ja, en jy moet Hoop goed oppas, want as jy dit nie doen nie, sal hy kwyn ... en kan hy dalk doodgaan."

"Hoop is nie 'n diertjie wat jy in 'n hok kan koop nie. Jy moet hom soek totdat jy hom kry en hom dan by jou hou."

"Hoop kry kleintjies, net soos ander diere. 'n Mens noem hulle klein Hopies. Jy mag hierdie klein Hopies nie vir jouself hou nie. Jy moet hulle weggee vir ander mense wat nie Hoop het nie."

Pure, heerlike kinderonsin.

Maar tog, in storieryke verbeeldingsvorm, alles elemente wat saak maak. Die waarheid.

Erma Bombeck sê as jy regtig 'n paar lesse wil leer wat jou die lewe vanuit 'n totaal nuwe hoek sal laat bekyk, moet jy 'n tydjie in dié siek kinders se teenwoordigheid deurbring.

Een het glo ewe kordaat by 'n nuwe mediese spesialis aangekom met 'n Rubickblokkie in die hand – daardie vierkantige kopkrapper wat 'n jaar of twintig gelede by dese en gene 'n treffer was. Dis 'n present vir die dokter, het sy gesê. As hy Rubick se kubus kon ontrafel, kon hy haar maar dokter!

'n Ander een het liefderik oor die fyn haartjies van haar pa se bles gevryf en gevra: "Pappa, hierdie hare van jou: kom hulle of gaan hulle?"

Dis humor. En dis realisme.

Dis sin en sommer lekker onsin.

Hoop kan lag. En soms kan Hoop ook 'n bietjie snik.

Hoop speel skone musiek op een snaar.

Bombeck sê: Hoop is 'n kind wat kanker het en glimlag en veg, en glimlag en veg.

Ek verstaan dit, al klink dit hopeloos.

Want hoop gryp die klein oomblik van vreugde aan en koester dit.

Dis nooit 'n groot vuur met weldadige hitte waarin 'n mens jou altyd kan verbly nie, eerder 'n klein vlammetjie wat net genoeg lig gee wanneer dit baie donker is.

Dis nooit 'n tog op 'n groot weeldeskip nie, eerder 'n ruwe vlot waaraan jy vasklou op jou reis oor die see.

Dis nooit 'n spens vol lekker kos nie, eerder 'n stuk brood wat jy kan afkrummel, net genoeg vir elke dag.

Hoop is nooit die Beloofde Land nie, maar die gefluisterde aanmoediging dat jy tog min of meer op koers is.

Ja, en waar kom Hoop vandaan?

Iewers, sommer iewers, het Bombeck se kinders gefantaseer. Dis skielik net daar, veral as jy begin bang word.

Iewers.

God is iewers.

Iewers is hier.

Dit is die hoop.

Sê maar bog, maar daar is engele rondom ons

Ná 'n diens vra 'n vrou my of ek nie een Sondag oor engele sal preek nie. Ek sê ja, maar ek moet weer 'n bietjie gaan nalees in die Bybel. 'n Man het daar naby gestaan. Ek kon duidelik sien dat hy dink engele is bog.

Maar afgesien van die groot klomp inligting oor engele in die Bybel: Het daar al ooit iets met jou gebeur wat jou jare later nog laat wonder wat presies gebeur het? Jy kan dit op geen manier met jou verstand verklaar nie?

Ek kan aan 'n paar dink. En ek glo engele het 'n hand daarin gehad.

Toe ek in graad een was, het ek en 'n paar maatjies eendag nie dadelik huis toe gegaan nie. Ons het langs die skoolterrein op die sypaadjie aan-aan begin speel. Die een wat "aan" was, het op my afgestorm en ek het die hasepad gekies, regoor die besige hoofstraat. Sonder om te kyk.

Wat daarna plaasgevind het, kan ek nie mooi onthou nie, behalwe dat ek blindelings onder 'n groot vragmotor ingehardloop het, omgestamp is, onder die bak deurgerol het en, buiten 'n paar kneusplekke, ongedeerd op die anderkantste sypaadjie beland het.

Die vragmotorbestuurder het stilgehou, briesend van die skrik. Hy het my gedreig met die skoolhoof, die Here, en die polisie. In dié volgorde.

Ek vergewe hom. Ek het beteuterd bly staan. My maats het soos vlinders verdwyn. Volgens die wet van gemiddeldes moes ek ten minste ernstig beseer gewees het. Moenie vra hoe daardie groot dubbelwiele en asse my gemis het nie. Vandag glo ek, hoe verregaande dit ook al mag klink, dat engele my bewaar het.

En daar was 'n keer dat ek, sowat agt jaar oud, in ons groot agtertuin gestaan het. Skielik het ek musiek gehoor. Wonderlike kadense van klank wat die tuin gevul het. Ek kon dit herken, maar dit was beslis nie van die soort wat ek elke dag oor die radio gehoor het nie. Asof dit uit 'n ander maar nogtans bekende wêreld was.

Toe dit stil word, het ek gaan soek of daar iewers 'n radio naby was. Maar ons tuin was afgesonder en transistorradio's was nog onbekend.

Vir hierdie insident kan ek my verbeelding blameer. Maar ek het my bedenkinge.

Want 'n tyd gelede het die geskiedenis hom ná dekades op 'n ander manier herhaal.

Ek het een aand by vriende gekuier en ons het saam iets ligs in 'n klein kafeetjie gaan eet. En tee en koeldrank gedrink – vir geval jy teen hierdie tyd hond se gedagtes oor hallusinasies kry.

So teen elfuur is ek terug hotel toe. Ek het 'n rukkie gelê en lees en toe die lig afgeskakel en geslaap.

Diep in die nag het ek wakker geword. Daar was 'n helder lig in my kamer, byna soos die groot kolligte op 'n teaterverhoog. Die lig was "anders", want ek kon die straatligte dofweg deur die halfoop gordyne sien inskyn.

In die kollig was mense. Vriendelike gesigte wat ek kon herken, maar glad nie kon plaas nie. Soos wanneer 'n mens iemand raakloop en sê: "Ons twee het al ontmoet, maar nou moet jy net my geheue verfris presies waar ons mekaar raakgeloop het en wat jou naam is ..."

Hulle het vir my gewink.

Ek het regop in my bed gesit en gedink: Ek gaan nou seker dood. Maar dit maak nie saak nie, want die hotelmense ken my en het my huisnommer en sal my familie te laat weet.

Ek wou met die mense in die kollig saamgaan.

Toe verdof die lig, stadig, en verdwyn. Die straatligte het nog by die kamer ingeskyn. Ek het op die rand van die bed gaan sit om dié ding te probeer oordink. Dit was tien voor drie. Die res van die nag het ek nie weer geslaap nie.

Hieroor bly ek nog steeds wonder. Dalk was dit pure verbeelding. Maar droom het ek nie gedroom nie. Ek weet ek het opgestaan. En die prentjie is net té realisties. En die gevoel van aangenaamheid en ontmoeting té werklik.

Ek was nie van plan om ooit iets hiervan aan iemand te rep nie, wat nog te sê daaroor skryf. Totdat 'n vriend, 'n regsgeleerde en politikus, my op 'n dag van sy ondervinding vertel het: iets so identies aan myne dat ek aanvanklik gedink het hy het op 'n onverklaarbare manier van my storie gehoor.

Hy sê dis die engele.

Hy en sy vrou het een aand moeg by die huis gekom nadat hulle gaan stemme werf het. Hy het sommer op die bed in hul kamer neergeplons, oorstuur van gesukkel met kiesers, en boonop het 'n baie belangrike dokument by sy prokureurskantoor weggeraak. Hy sê hy het ingesluimer terwyl sy vrou gaan tee maak het.

Skielik was hy wakker. Hy kon die bekende dinge in die kamer herken. Hy kon ook ander figure herken. Hulle het vir hom gewink en hom op 'n klein verkenningstog "na die ander kant" geneem. Hy was aangedaan toe hulle op 'n sekere punt vir hom sê hy moes omdraai, hy kon nie verder saamgaan nie.

Toe hy terugdraai, het een agter hom aan geroep: "Willie sal weet waar die dokument is wat jy soek."

Met dié het sy vrou aan hom geskud, effe verward omdat hy nie wou bykom nie. Hy het haar vertel wat gebeur het.

Toe kniel hulle saam by hul bed en vra die Here wat dit beteken.

Daarna het hulle tee gedrink en die gebeure oordink. Ja, hulle het 'n Willie geken. Willie was my vriend se vennoot. Die probleem was net hoe Willie hulle kon help, want hy is drie maande tevore dood.

"Dink 'n bietjie," het sy vrou gesê. "Wanneer was die laaste keer dat jy Willie gesien het?"

"Die aand van my verjaardag," het my vriend gesê. "Hy het vir my 'n boek gebring. Ek het nog nie eens kans gehad om dit te lees nie."

Sy vrou gaan haal toe die boek uit die rak. Binne-in was die verlore dokument. Willie het dit vir hom gebring voor sy dood, te haastig om hom daarvan te sê.

My vriend raak bewoë wanneer hy dit vertel. Hy sê engele het hom met Willie se aanwysings gehelp.

Sê dis bog.

Toe ek onlangs lees hoe die skryfster Sophy Burnham van haar eie rare engel-ondervindings vertel, het dit my bly gemaak. Sy reken engele verskyn in doodgewone, alledaagse, maar tog aangrypende dinge: haar huishulp se glimlag op 'n moeilike oggend, haar ma se goed gemikte teregwysings, haar kollega wat 'n toebroodjie met haar deel.

"Maar hoekom verskyn hulle so selde?" vra sy. En beantwoord dan haar eie vraag:

"Miskien is ons nie veronderstel om alles te weet nie. Miskien sit God vir ons oogklappe aan, omdat dit alles sal bederf as ons nou te veel weet. Ons sal dan geen vrees ken nie en miskien nie wil voortgaan met die lewe hier en nou nie. Ons sal ons net wil baai in die see van liefde wat God is, daardie liefde aan die ander kant waarvan ons nou net glimpe kry. Miskien is dit waarom ons net dan en wan deur engele besoek word."

Dalk is dit soos sy sê. Ook wanneer sy wonder of ons altyd die engele herken wat ons in ons alledaagse lewe besoek.

'n Agnostiese kennis trek sy skouers op: As julle sulke mites wil glo, sê hy, is dit julle saak.

Hy dink dis alles onsin en my storie van die hotel en my vriend se engele blote drome. Dat ek ongeskonde onder 'n vragmotor deur is, 'n fatalistiese stuk geluk en niks meer nie. Maar hy gee toe daar steek dalk iets in die vreemde musiek wat ek as kind gehoor het. Hy het as eensame kind op 'n dag "dalk" so 'n ervaring gehad. Maar hy wou nie daarop uitbrei nie.

Wat ook al die waarheid is, droom of verbeelding of werklikheid: ek verkies om Psalm 91:11-12 letterlik op te neem:

> Hy sal sy engele opdrag gee
> om jou te beskerm waar jy ook al gaan.
> Op hulle hande sal hulle jou dra,
> sodat jy nie jou voet
> teen 'n klip sal stamp nie.

Want as ek dit nie aanvaar nie, is daar net te veel dinge wat ek nie kan verklaar nie.

Die wraak van die roos

Die Johannesburgse hoogsomer van die jaar 2000 het aan die Kaapse winter herinner. Hier laat April het die son vir die eerste keer 'n dag of vier aanmekaar geskyn sonder veel wolke in die lug. Van middel Desember 1999 het dit gereën en gereën en gereën. Einde Maart het die silwer berkebome langs die garage en die patio al blaarloos gestaan.

Die groot millenniumvierings was toe maar power. Dis een ding om iewers op 'n stadsplein te dans, maar wanneer die orkes en die dansers begin nat reën, gee hulle gou-gou pad nadat hulle die twaalf slae van middernag afgetel het. Ek het in my huis gesit en TV kyk en 'n glasie sjampanje op die nuwe jaar geklink.

Alles was nat, nat, nat. Einde April het dit skielik bibberend koud geword, met triestige misreën. Die baie water het die hoë jakarandas 'n lang, digte koepel oor die straat laat vorm, byna soos die naaf van 'n ou katedraal.

Die impatiens by die voorhek het tot heuphoogte gegroei. Die boomvarings het gefloreer asof hulle in 'n reënwoud beland het, hul eintlike habitat. Maar die rose het saam met die berkebome al einde Maart begin winkel toemaak.

Met hul lang-lang stele het hulle gestaan soos sekretarisvoëls, met bossige kruintjies en petieterige blomme. Ander jare hierdie tyd was hulle soos operadivas wat vir 'n hele paar encores verhoog toe kom. Maar, so het ou mevrou Zierau ons jare gelede by haar kwekery in die Boland gewaarsku: Rose hou nie daarvan dat hul voete koud en nat word nie.

Sy het ook beaam wat my ma gesê het: Wanneer 'n roos doodgaan, moet daar 'n jaar lank geen ander roos op sy plek geplant word nie. Die nuwe roos sal groei, maar nie vir lank nie. Ná twee of uiters drie jaar sal hy ook kwyn.

Dalk is dit onsin, dat rose op 'n manier oor mekaar treur. Maar ek het nog min sukses gehad met een roos presies op 'n ander een se plek. Daar moet eers iets anders gegroei het voordat jy weer 'n roos plant.

In elk geval, tussen die triestige herfsrose van die jaar 2000 was tog 'n uitsondering.

Teen een van die pilare op die voorstoep het 'n snyroos meer as twee meter hoog gestaan, met digte blare en 'n vrag blomme. Ons kon maar pluk, die blomme het net meer geword. Dis 'n kompakte karmosyn roos wat maklik veertien dae in 'n blompot hou.

Ek weet nie wat sy naam is nie, en mense wat meer van rose weet as ek, kan ook nie sê nie. Ek het hom vyf jaar tevore as 'n "special" gekoop, en die naamkaartjie het al by die kwekery afgeval. Eintlik was dit maar 'n triestige plantjie, en die prys was feitlik verniet.

Tuis het ek hom kom plant, midde-in die seisoen. En soos die maande langer geword het, het die roos al meer verpot geraak. Die tweede seisoen het hy bloot gestaan en net 'n paar blommetjies gedra. Die derde seisoen het ek vir die roos begin dik word. Geen bemesting het gehelp nie, niks nie. En die luise het die armsalige bossie gedurig gepak.

Teen die end van die seisoen het ek besluit die roos moet waai, voordat hy doodgaan en sy plek vir 'n opvolger bederf. Ek het 'n pienk Iceberg gaan koop wat hier goed aard, en 'n graaf gaan haal om die mislukte bos te verwyder. Maar 'n stemmetjie het gesê: Gee hom, soos die boom in die Bybel, nog 'n kans. Toe plant ek maar die Iceberg 'n entjie verder aan.

Maar snoeityd was my geduld op. Ek het die skêr gevat en die roos tot sowat vyftien sentimeter bo die grond afgesny. Die swartryp sal jou vang, het ek gedink, en dan is dit reg of weg, meraai. Ek sou hom net goed dophou en hom uithaal voordat hy verdroog.

Wel, die swartryp het gekom, maar in die lente het die roos goed uitgespruit. Jy koggel my, het ek gedink, maar jy gaan dit nie haal nie.

Bog, het die roos bewys en net soveel as die ander gedra.

Skaamkwaad sny ek hom weer stomp af, dié keer sowat twintig sentimeter bo die grond. Laat ons sien of jy weer kan oorleef.

Vroeg in 1999 se lente het die roos begin blom. Die hele somer het hy gedra, 'n digte, allemintige bos wat as 't ware om die pilaar vou. En einde April 2000 het hy daar gestaan, kampioen van die tuin, uitdagend in sy skoonheid, terwyl sy maats in die baie reën en die vroeë koue sukkel.

Een oggend het ek by die roos gaan staan en soos prins Charles met hom gepraat: "Jy het werklik vreemde, skone, soete wraak geneem. En jy het my 'n paar lesse geleer."

Ek moes weer erken dat 'n mens nie iemand of iets wat sukkel, sommer afskryf of vervang nie.

Ek het dit ook begin vermoed van die lewe, wat 'n mens soms stomp snoei en jou buite in die koue laat staan en jy kan dit nie verstaan nie. Dit maak nie sin nie. Maar in die Skepper se bestel, anders as op ons agenda, laat Hy die gety dikwels na iets moois keer.

Dis die ou-ou storie dat 'n mens se kans om die koue getye van die lewe te oorwin beter is as jy al 'n paar keer hard geraps is.

Dit bly 'n onverklaarbare misterie, soos die ganse skepping.

In die winter, toe dit snoeityd word, het ek die roos weer stomp geknip, sowat dertig sentimeter bo die grond, maar met die stil saluut van liefde.

Die gelykenis van die Bybel
en die bidder

As Jesus vandag weer op aarde sou verskyn, wat sou Hy alles gepreek het?

Ek dink Hy sou by die ou temas van sy gelykenisse gehou het. Die gelykenisse was sy manier van leer deur 'n storie, eintlik nie waar nie en soms selfs effe vergesog. Hy het sy vertellings uit die alledaagse lewe geneem om 'n waarheid van die Koninkryk mee te verduidelik.

Jesus het die gewone dinge van elke dag besonder goed dopgehou. Hy het gekyk hoe vroue brood bak, hoe die arbeiders oes, hoe hulle betaal word, wat die kinders speel, hoe en waar saad groei, hoe die vyebome bot. En dan het Hy daaroor stories vertel.

Nogtans klink van die gelykenisse vreemd. Watter boer sal, byvoorbeeld, ten duurste 'n wingerd aanlê, 'n muur daarom bou, 'n parskuip inrig en dan op reis gaan en sy boerdery aan huurlinge oorlaat?

Die vertelling moes egter pas by die lering. Jesus wou dit vir sy luisteraars makliker maak. Maar hoe eenvoudig die storie ook al was, kon hulle dit nie altyd snap nie.

Hy moes dit dikwels agterna aan sy dissipels verduidelik. Soms het Hy geweier en selfs absurde dinge gesê: "Julle sal hoor en hoor en tog niks verstaan nie, en kyk en kyk en tog niks sien nie" (Matt. 13:14). Waarom vertel Hy dit dan so?

Maar dis slegs vreemd as 'n mens die aard van 'n gelykenis nie begryp nie: 'n gelykenis is 'n eenvoudige storie wat iets duidelik maak en terselfdertyd die geheim daarvan verdiep.

Dis die geval met baie stories wat 'n mens hoor. Lewende gelykenisse, half fiksie, half waar, half iets van alles. Die geheim daarvan, en die les, word met die tyd raker, geheimsinniger, vreemder, aangrypender.

Toe ons ná kerk tee drink, vertel iemand van 'n jong vrou wat op die vooraand van haar een-en-twintigste verjaardag haar pa om 'n nuwe kar gevra het. Haar ou skedonkie was klaar met die wêreld en nuwe wiele sou darem lekker by 'n mondigwording pas.

Op haar verjaardag het haar pa haar na sy studeerkamer geroep. "Hier is jou geskenk," het hy gesê. "Ek hoop jy sal dit met wysheid gebruik."

Toe die dogter die pakkie sien, was sy dadelik effe bek-af. Sy het gedink haar pa sou haar na die motorhuis neem waar hy reeds haar ou kar met 'n blinknuwe een sou vervang het, soos hy altyd met haar ou speelgoed of ou kledingstukke gemaak het.

Sy het nietemin die geskenkpapier afgetrek en die groterige doos oopgemaak. Binne-in was 'n pragtige Bybel met 'n leeromslag en haar naam en die datum in goud daarop.

Eers was sy stom van teleurstelling. Toe gaan sy gal af: "Is dít wat ek kry? Vir my een-en-twintigste verjaardag? Hou dit! Hou alles wat jy het, Pa. Ek sal jou nooit weer iets vra nie. Tot siens, Pa."

Sy het die Bybel op die studeertafel neergesmyt en die huis uitgestorm. Die breuk tussen haar en haar pa is nooit geheel nie.

Jaar ná jaar het sy van die een werk na die ander voortgestrompel, van die een plek na die ander. Soms wou sy haar pa bel, maar dan het sy te skaam gekry.

Op 'n dag het sy tog die moed bymekaar geskraap en gebel. 'n Familielid het die telefoon geantwoord. Hulle het haar juis dringend gesoek. Haar pa is die vorige maand oorlede en hy het in sy testament al sy aardse goed aan haar, sy enigste kind, nagelaat. Sy moes dadelik kom om sake af te handel.

By sy graf het sy bitterlik gehuil. Later het sy deur sy persoonlike besittings begin gaan. In die studeerkamer het sy 'n Bybel van die rak gehaal, háár Bybel, met haar naam in goud daarop. Toe sy die Bybel oopmaak, val twee sleutels op die grond – motorsleutels. En toe sy angstig verder soek, kom sy op 'n briefie af met die datum van die dag voor haar een-en-twintigste verjaardag: "My kind," het haar pa geskryf, "jou motor wag vir jou by oom Tommie se garage. Aangeheg is die kwitansie in jou naam, dis klaar betaal."

Nou goed, is dit waar? Of is dit 'n moderne gelykenis? Dalk. Dalk nie. Maar daar skuil waarhede in wat jou dae lank kan besig hou, as jy jou eie vrae vra en oor jou eie lewe nadink.

Net so is die "gelykenis" van die man wat nie kon bid nie. Hy was nie ongelowig nie, maar oop of toe oë, hy kon nie aan woorde dink om met God te praat nie. Wanneer hy sy hande gevou het, het sy woorde opgeraak, soos soms met ons almal gebeur.

Hy het gebedeboekies gekoop en gelees, maar dit het hom op die duur nie bevredig nie.

Een oggend op pad werk toe sien hy dat die voordeur van die klein Engelse kerk in sy buurt oopstaan. Hy het by die parkeerplek ingedraai, uitgeklim en by die kerkie ingestap tot voor die altaar.

Daar het hy net gestaan. En gestaan. Maar bid kon hy nie.

Toe, uiteindelik, sê hy: "Here, dit is ek, Andries." Hy het nog 'n tydjie met sy kop gebuig gestaan en toe gaan werk. Daarna het hy elke oggend by die kerkie stilgehou, voor die altaar gaan staan en met geboë hoof gesê: "Here, dit is ek."

Op 'n dag het die man 'n groot operasie ondergaan en toe hy bykom, was hy baie siek. In die nag het hy tussen slaap en wakkerlê teen die pyn geveg. Die lig van 'n lamp buite het in sy hospitaalkamer ingeskyn. Maar daar was iets by die voetenent van sy bed, het hy hom verbeel. Iets wat hy nie kon sien nie.

Toe klink daar in die vertrek 'n rustige stem op: "Andries, dit is Ek."

Wat sê 'n mens hiervan? Eintlik maar 'n mooi stukkie godsdienstige romantiek? Mooi onsin?

Wat maak dit saak?

Vandat ek hierdie storie gehoor het, luister ek, veral wanneer ek alleen is, of ek nie die Stem kan hoor nie. Want ek twyfel nie aan die Teenwoordigheid nie.

Die vreemde verskyning van die voëltjie en die by

In die vroegsomer van 1999 hou ek die begrafnis van Sue Ferrier, in lewe moderedakteur van 'n Engelse vrouetydskrif. Sue het in haar laaste jare met haar gesondheid gesukkel maar is nogtans skielik in die fleur van haar lewe heen.

Feitlik almal wat met die modewêreld iets te make het, was in die klein kerkie in Llandudno, saam met haar man, haar tienerseun wat ek gedoop het, en haar moeder. Talle wat kom tot siens sê het, moes onder die hittige hoogson buite staan.

Sue was 'n besonderse vrou, 'n aanwins vir die modebedryf, 'n voormalige model wat met haar volike stappie en uitdrukkingsvolle gesig self menige kop laat draai het.

Ek onthou haar uit die dae toe ek in daardie geweste predikant was. Een Sondagoggend het 'n reënstorm oor die Skiereiland losgebars en ek het sukkel-sukkel van Constantia gery om die "buitediens" in Houtbaai te hou. Toe ek daar aankom, was daar net 'n ouderling en 'n diaken. Ons het besluit om maar 'n gebed te doen en die diens te laat vaar.

Maar toe kyk ons in die kerk, en daar sit Sue! Ek stap na haar en sê ons het besluit om maar huis toe te gaan. "Maar ek sou so graag 'n boodskap wou hoor," sê sy sag.

Nodeloos om te sê: die diens het voortgegaan; gesange, hardop gebede en alles.

Haar voormalige redakteur, Shona Bagley, het in haar huldeblyk vertel van die oggend toe sy gehoor het Sue is heen. "Ek het huis toe gegaan om aan haar te dink. Ek het oor haar gehuil terwyl ek by die venster staan en uitkyk het. Toe skielik verskyn daar in my tuin die pragtigste voël met die mooiste kleure, 'n soort wat ek nog nooit gesien het nie. En die voël vlieg by my oop venster in, sit 'n rukkie op die vensterbank, en vlieg toe weer weg, die lug in. Dit was asof Sue vir my met die voëltjie kom tot siens sê het. En ek was getroos."

Daardie aand vertel ek aan 'n ou vriendin die vreemde verhaal van die voëltjie. Ek vra haar wat sy daarvan dink. Sou Sue vanuit die ewigheid so haar vriendin wou troos? Of was dit bloot 'n toevalligheid, 'n mooi insident om 'n hartseer op te fikseer.

My vriendin, op haar dag 'n punteneurige sakevrou, het gesit en luister. Toe vertel sy my van iets dergeliks, van 'n jong man wat sterwend was aan vigs.

Hy en sy huismaat het hulle glo maar min aan God gesteur. Maar toe hy begin voel die einde kom nader, ry hy eendag in die Kaap by 'n mooi kerkie verby. Hy het stilgehou en ingestap, en toevallig die predikant daar gekry.

Hy het verduidelik dat hy siek is, dat hy nie juis veel erg aan godsdiens het nie, maar dat hy darem as iemand wat van skoonheid, seremonie en orde hou, graag uit dié kerkie begrawe sou wou word. En sou die dominee die diens lei?

Die dominee het die jong man gereeld besoek, hoewel die jong man aanvanklik nie veel erg daaraan gehad het nie.

Tydens die besoeke het hulle al meer oor God gepraat. Naby sy einde het die jong man tot geloof in God gekom. Maar sy huismaat en ander kennisse was skepties. Aan die dinge van God en 'n ewige lewe en 'n dominee het hulle min gehad.

'n Dag of wat voor die jong man se dood het sy huismaat gesê: "Wanneer jy sterf, moet jy vir my, as jou vriend, 'n teken gee dat jy leef. Asseblief."

"Goed," het die jong man geantwoord. "Ek was altyd lief vir bye; as kind het ek my pa met sy korwe gehelp. Ek sal die Here vra om, as dit moontlik is, 'n by na jou te stuur."

Die middag ná die begrafnis was sy vriende in sy huis byeen. Hulle het vir laas by die kamer ingeloer waar hy gesterf het. Die bed was spierwit oorgetrek. Op die kussing het 'n enkele by gesit.

Die vriende was verbaas. Toe vlieg die by op en kom sit op die huismaat se linkerskouer. Die by het weer opgevlieg en op die huismaat se regterskouer gaan sit. Net 'n paar oomblikke. Toe sprei die by sy vlerke en vlieg by die venster uit.

Is dit toeval? Sommer maar net? Absurd?

Maar wanneer ek bye om 'n waterplassie langs die swembad

sien draai of 'n vreemde voël in die pekanneutboom voor my studeerkamervenster gewaar, dink ek aan meer as Sue en die jong man met vigs. Ek dink aan die ewigheid en die gans ander werklikheid wat buite ruimte en tyd bestaan. God se eintlike woning. Ons ewige tuiste.

Hoe verduidelik 'n mens so 'n "sterfbed"?

Nog doer in my koerantdae kom ek laataand by my hotel op Stellenbosch aan. Daar lê 'n boodskap: 'n Ou vriendin van lang, lang jare, tannie Bettie Steyn van Bonnievale, is sterwend in die Tygerberghospitaal.

Ek bel haar familie. Hulle vra of ek haar tog kan besoek. Maar ek moenie skrik as ek haar sien nie. Sy herken feitlik nie meer mense nie. Sy praat ook nie eintlik nie, en dan nog deurmekaar.

Vroegoggend, op pad hospitaal toe, dink ek aan my en tannie Bettie se vriendskap, van doer af, toe ek 'n jong predikant was en sy in die fleur van haar middeljare. Sy was nooit getroud nie en het ons hele gesin feitlik met die eerste kennismaking as haar kinders aangeneem.

Ons kleuters het lang tye meer by haar en haar suster en swaer se huis geboer as by ons. En wanneer ek en my vrou iewers moes heen, het sy doodluiters die huishouding kom oorneem asof sy maar altyd daar was. Ons ouer suster. Ons ma. Ons ouma. Ons vertroueling.

In haar gesinskamer was dit sandbakke, klei, speelgoed, speletjies en 'n morsery van 'n ander wêreld soos sy die kinders aangemoedig het om te bou, te teken en met hul hande te skep. Sy self kon pragtig skilder.

Verder het sy haar in die gemeenskap handig gemaak. Verpleging en vertroosting, die spreekwoordelike goeie dade.

Toe sy op 'n sekere dag weer haar Morris 1000 vol verwaarloosde kinders laai op pad iewers heen, het een opgewonde na die spoedmeter gekyk en uitgeroep: "Haai kyk, tant Bettie ry tien!"

Dit was darem nog myl per uur.

Sy was een van daardie rare mense wat in volkome vrede met haarself geleef het. Geen slegte woord van iemand anders nie. 'n Beskaafde, gedempte waarskuwing wanneer sy gevoel het dis nodig. En altyd 'n briefie en 'n blommetjie vir sommerso.

Vroeg in 1978 het sy begin siek word en kanker is gediagnoseer. Toe ek haar destyds in die hospitaal besoek, het sy rustig gelê en lees. Ek het gebuk om haar soos gebruiklik te soen. Sy het haar kop weggedraai met: "Moet liewer nie. 'n Mens weet nooit of dié soort pes aansteek nie. Ek wil nie hê een van my mense moet dit kry nie." Sy was wit soos die lakens, haar welige bos grys hare aansienlik uitgedun van die bestraling.

Tuis het ek gesê die hele familie moet haar gaan groet. Ons sou haar nie weer sien nie.

Ek was verkeerd.

Sy het opgestaan. Ná ses maande is sy volkome genees verklaar. Sy het weer vir die kinders kom huishou. Die Here én die dokters het haar gesond gemaak, het sy onwrikbaar geglo.

Maar ná die siekbed was daar 'n probleem. Sy wou en het haar "groot" laat doop.

Sy wou nie uit haar kerk padgee nie. Die kerk wou ook nie hê sy moes gaan nie. Sy moes net sê sy het dit in 'n oomblik van emosionele opwelling gedoen.

Maar tannie Bettie het niks in 'n oomblik van emosionele opwelling gedoen nie en het die kerkraad so laat weet. Sy is onder sensuur geplaas en het 'n ander kerklike tuiste gaan soek. Watter onsinnige optrede.

In dié tyd het ons byna daagliks met mekaar oor die telefoon gepraat. Reguit, maar elkeen met volkome begrip vir die ander se standpunt. Op die ou end het ek gesê sy moet na haar hart luister en klaar.

Toe het sy iets vreemds gesê, maar nogtans sonder bitterheid: Dat sy bly is ek was nie meer 'n predikant "in diens" nie. Ek kon haar nou "sonder voorskrifte begryp".

Ek het dit daar gelaat. Soms, wanneer ek self met 'n probleem te doen gekry het, het ek haar om raad gebel.

En wat haar siekte betref: soos vir Hiskia het die Here nog vyftien jaar by tannie Bettie se lewe gevoeg. Want hierdie keer sou sy nie weer opstaan nie.

In die groot hospitaal het ek haar die oggend gesoek.

By die saaldeur het ek ingeloer en in die hoek 'n bondeltjie mens onder 'n blou kombers sien lê. Ek het saggies nader gestap.

Sy het op haar sy gelê, pype in die neus, stil, met haar oë toe. Die grys haartjies op haar kop kon 'n mens tel.

Ek het op my hurke gaan sit, my gesig reg teenoor hare, en begin gesels. Volgens die beginsel van al was sy hóé deurmekaar, of hóé diep in 'n koma, sy kon hoor wat ek sê.

"Tannie Bettie ..." huiwer ek. "Ek het vir jou kom kuier."

Sy maak haar oë oop, glimlag met haar oë en sê: "Môre, dominee. Ek het gewag dat dominee moet kom. En dit nogal van Johannesburg af."

Die woorde so helder soos die verstand.

"Ja, maar ek wás darem in die ronde toe ek hoor tannie Bettie is siek."

"Dis goed. Ek het geweet dominee sou kom. My tyd is nou kort. Ek was geseënd."

Ek sluk: "As tannie Bettie daar bo kom, soek tog my mense op ..."

Ek noem name: ouers, vriende. Sy dink nie ek is naïef of onsinnig nie en knik.

"Waar is die kinders?"

"Hulle weet nog nie tannie Bettie is hier nie. Ek sal hulle sê."

'n Klein, maer handjie kom versigtig onder die kombers uit.

"Vat my hand, dominee," sê sy, "en doen vir my 'n gebed."

Ek is weer "dominee". Ten spyte van die "ek is bly jy is nie meer ..." van jare gelede. Sy vryf my hand met bewerige vingers en gee dit 'n drukkie.

"Tot siens, dominee. Tot ons mekaar weer sien. En sê tog vir die kinders."

"Die kinders" het dieselfde aand kom groet.

Die dag daarna is tannie Bettie vroeg weg.

Ek sal vanjaar geen Paaskaartjie van haar kry nie. Sy was een van die min mense wat ek ken wat kaartjies of 'n briefie met Paasfees gestuur het.

Daardie middag toe ons finaal gegroet het, op pad van die hospitaal na die lughawe, het iets simbolies gebeur. 'n Swerm wit voëls het langs die pad opgevlieg en 'n paar keer oor my kar gesirkel. Toe het hulle see toe koers gekry.

Dit was vir my effe vreemd, amper soos die posduiwe waarmee ek as kind geboer het. Duiwe sirkel so, nie meeue nie.

"Maak die sitplekgordels vas," kom dit later in die vliegtuig oor die interkom. "Die vliegtyd na Johannesburg is een uur en vyftig minute."

Ek het gewonder: Was tannie Bettie ooit op 'n vliegtuig?

Nie wat ek van weet nie.

Haar gees was ruimer as ons wêreld. Dit was asof sy nog by my was, byna soos die meeue wat sirkel.

Vir tannie Bettie het tyd en afstand nie meer saak gemaak nie.

"Dit is so, ja, dominee," het ek my verbeel ek hoor haar vlak langs my sê terwyl die Boeing oor die Bolandse berge opstyg. "Dit is so." Toe haar effense laggie en gewoontevermaning: "Moet tog nie so frons nie. Mense sal dink dominee is sommer stuurs."

Ek het spontaan van oor tot oor geglimlag.

"Meneer het seker 'n goeie dag gehad," het die lugwaardin gesê.

Hoe kon ek aan haar verduidelik dat ek by 'n "sterfbed" was?

DIE GELUK VAN ONSIN

In ons buurt, in die middel van 'n besige winkelstraat by 'n verkeerslig, staan 'n vrou elke dag en dans.

Sy dans van die môre tot laatmiddag.

Eintlik verkoop sy *Homeless Talk*, 'n koerantjie wat in Johannesburg versprei word, waarvan die opbrengs vir haweloses gaan. Die verkopers verdien 'n kommissie, soos elkeen weet wat al met 'n pak koerante onder die arm gestaan en smous het.

Haar verkooptegniek is om te dans. Ritmies wieg sy op haar voete en maak klein passies op die maat van deuntjies wat in haar kop maal, en wat sy met haar lippe vorm.

Ek koop graag by haar, want tussen die onhoorbare deuntjies glimlag sy, 'n vol, sagte glimlag op haar blink swart gesig. Wanneer ek die dag nie koop nie, waai sy vir my in woordelose erkenning met die een hand terwyl sy aanhou dans en met die ander hand haar blaadjies uithou.

Op 'n keer het ek vier ryk jongelinge in 'n motor met 'n afslaankap, die doem-doem van hul radiomusiek 'n onaardse irritasie, haar aanbod van die koerantjie van die hand sien wys. Hulle het haar danspassies kliphard uitgelag. Ek was ontsteld oor hul onbeskoftheid. Dit het haar nie gepla nie.

Sy dans in Johannesburg se koue. Sy dans in die somer in die son. Sy dans in die herfs tussen die vallende, verskrompelde plataanblare. Sy dans in die lente as die eensame blomperske aan die oorkant van die straat in volle bloei staan.

Dis asof sy elke keer my lewe aanraak as ek, veral in 'n vaal bui, by haar verbyry. Sy verkoop haar koerantjies met 'n glimlag, en haar dans spreek van geluk, iewers diep binne. Sy het niks en sy het alles. Sy maak haar passies en maak mense bly. Sy maak my ook skaam.

Ons het nog nooit met mekaar gepraat nie. Ek hou net my geldstuk by die venster uit en sy gee haar koerantjie, en ek ry weer aan, meesal gelukkiger, vroliker en ryker.

Sy is soos my ou vriendin van diep in die tagtig wat die sega op die Seychelle gedans het. Maar daardie tannie het die vreugdes van feeste en reise ervaar waarvan hierdie vrou nie in *Homeless Talk* sal lees nie.

Sy het meer gemeen met die twee oues in die duine van Albertinia. Met hul driftigheid en liefde het hulle soos blare in God se wind gedans, die blare waarvan Nikos Kazantzakis skryf. Dis geluk uit die eenvoudige passies van gewone dinge.

Kazantzakis laat Zorba die Griek in sy beroemde roman uitbundige en onsinnige dinge aanvang. Zorba en sy Engelsman-vriend begin 'n primitiewe sake-onderneming wat letterlik inmekaar stort, met al die arbeid en geld daarmee heen. Ná die katastrofe begin Zorba op die strand sy vingers klap. "Engelsman," sê hy, "jy moet leer om 'n bietjie mal te wees." En in die filmweergawe begin dan die note opklink van die meesleurende, primitiewe ritme van Zorba se dans.

Mislukking en sweet word opgelos in hartseer-uitbundige vreugde.

Want in onsin is daar dikwels geluk, selfs al loop die hart oor en lê die trane vlak.

Dink maar aan die gewone uitlewing van een van die mens se mees basiese drifte: verliefdheid, liefde, en die daad van liefde maak. Dis ook 'n primitiewe soort dans, lyflik, aards en misterieus.

Sou 'n mens die liefdesdaad klinies beskou, koud, objektief en wetenskaplik, is dit nogal 'n vreemde doenigheid tussen twee mense. Die blote gimnastiek daarvan grens realisties aan die absurde. Maar emosioneel beskou, uit die hoek van hartstog, betrokkenheid en dwingende aangetrokkenheid, uit die hoek van die skrywer van die Hooglied, is dit die subliemste uitdrukking van liefdesgeluk tussen 'n man en 'n vrou.

Die twintigste-eeuse teoloog Paul Tillich het duidelik 'n mistieke verband tussen die sensuele en die godsdienstige uitgewys. Dis asof die een in die ander oorgaan, of deur die ander versmoor word. In 'n brief aan 'n vriend het hy geskryf dat hy God in die oë van 'n vrou en in die aanraking van haar hand ervaar.

Carl Jung, die sielkundige, het iets soortgelyks gesê. Die groot Franse skrywer Albert Camus min of meer ook. Wat, wou hy weet, is die ewigheid in die sonlig wat op 'n vrou se hare val?

Daarmee verwerp hulle onder meer die gedagte dat heiligheid net bekom kan word deur 'n asketiese bestaan iewers in 'n klooster. Die absurde is juis dat "heiligheid" gevind moet word middein die gewone alledaagse bedrywigheid van werk, mislukking, val en opstaan, liefhê en koerante verkoop.

Een laatnamiddag het ek in die skemering van die klooster van Heiligenkreuz in die Weense woud naby Mayerling gesit en luister hoe die monnike hul aandgebede sing. Dit het my geweldig ontroer. Ek het gevoel ek hoort eintlik by hulle, met hul sang en gebede, met hul eenvoudige maar veilige bestaan wat net aan God se diens gewy is.

Toe ek in die halfdonker die klooster teësinnig verlaat, het dit my te binne geskiet dat dit juis die veiligheid van dié soort lewe is wat ek so verleidelik vind. Buite is dit meesal 'n deurmekaar gelag en gehuil, liefde, leuens en verraad, sonskyn, aanvalle oordag en gevaar in die nag, soos die psalmis waarsku. Om dan krom en skeef op koers te bly en tussen al die sin en onsin geluk te vind, dít is die eintlike genade.

Want buite die klooster loop ek dikwels, soos Abraham, eensaam oor 'n voetbrug – 'n wêreldvreemdeling.

Buite is daar die dapperes, soos by Thermopulai, wat moet staan en sterf vir wat hulle glo.

Buite is ook die mense wat vrolik met 'n konsertina op 'n Weskusstrand aanbid in die hoop dat God dit "enjoy".

Buite is 'n groot, verwikkelde kaleidoskoop van geluk anderkant geluk, wat dikwels as onsin of verlies of onvanpas afgemaak word.

Daar is prinsesse wat glansend trou en ongelukkig is, en rose wat stomp gesnoei, die swartryp oorleef.

Daar is die dolle kom en gaan van kantoor en werk, en hoop wat 'n haasstertjie het, soos siek kinders dit beleef.

Daar is patetiese ruikertjies by 'n gedenkmuur vir gevallenes en 'n liefdesgeskenk van verlepte rose wat 'n vrou veertien dae lank in 'n pot vertroetel.

Iewers op die vlaktes is daar die oorblyfsels van konsentrasiekampe en die gehuil van vroue in die wind, mense wat bereid is om te ly ter wille van die behoud van hul selfrespek.

Daar is 'n kind wat jou hand vat as jy struikel, en mense wat aapstreke uithaal vir 'n bietjie aandag.

Daar is groot kwessies van ouderdom en dood, en belaglike probleme, soos of ant Salie maar in die Kerskoor kan sing, veral nadat haar kerrie-afval so lekker gesmaak het.

Geluk, sin en onsin is intiem verweef.

Die lewe is inderdaad 'n optog in alle soorte kostuums. Maar dit maak gelukkig, soos die vliegtuie wat teen die blou lug van liefde skryf, of die aandgebede van die monnike by Heiligenkreuz.

Dit kan slegs gebeur omdat God die wesensgrond van ons geluk is, selfs al lyk dinge krom en skeef, soos Paul Tillich geskryf het. Tillich kon hom liederlik vererg wanneer mense oor die bestaan van God twis. "God bestaan nie," skryf hy in sy *Systematic Theology*, "Hy ís alle bestaan, selfs anderkant bestaan en wese. Daarom is enige argument oor sy bestaan niks anders nie as 'n miskenning en afwysing van God."

Ek aanvaar dit so. Hoe kan ons, aardlinge, immers oor God dink? Dis eintlik mos net so absurd soos die miere.

En die groot ironie: toe God sy aarde in Christus besoek het, het die lyding met 'n triomfantelike optog begin. Mense het, uitbundig gelukkig, palmtakke geswaai en hosanna gejuig. Dit was 'n prosessie wat eintlik trane in die oë moes bring: Jesus op 'n donkie op pad na Jerusalem om te sterf. In hierdie ironie was God aan die werk, deur die spotverhoor, deur die dood aan die kruis, deur die weglê in die graf, en deur die finale triomf van die opstanding. 'n Vreemde, roerende, byna bisarre plan.

Op Paasoggend het ek tydens die diens die gedeelte in Lukas 24 gelees waar die vroue vroegoggend na Jesus se graf gegaan het om sy liggaam met reukolie te salf. Hulle kry egter geen liggaam nie, maar engele wat vir hulle sê Jesus lewe. Hy het opgestaan:

"Toe het hulle sy woorde onthou en van die graf af teruggegaan en al hierdie dinge vir die elf en al die ander vertel. Die vroue was Maria Magdalena en Johanna en Maria die ma van Jakobus. Ook die ander vroue saam met hulle het dieselfde dinge aan die apostels vertel. Maar vir hulle het hierdie verhaal na onsin gelyk en hulle het die vroue nie geglo nie" (Luk. 24: 8-11).

Dit het my hard getref toe ek dit op die preekstoel lees. "Maar vir hulle het hierdie verhaal na onsin gelyk." 'n Verdoemende maar menslike stelling. Nie lank daarna nie sou hierdie "onsin" sorg vir hul hoogste lewensgeluk, toe Jesus as verheerlikte Heer hulle almal besoek en hulle geseën het.

Hy kom nog steeds na almal toe: na die vrou in die straat wat dans en koerantjies verkoop, na werkers en rondlopers, na vrolike verliefdes en sterwendes, na treurendes en twakpraters, na bidders en spotters. Hy kom na my en na jou toe, en dalk stuur Hy op 'n dag 'n by of 'n voëltjie om ons te help oortuig en ons te troos.

Want God het 'n sin vir humor. Hy werk dikwels mense se geluk in vreemde, selfs onsinnige patrone uit. Dit is sy hoë prerogatief.

Anders sou ons reis na Hom maar vaal gewees het, eendimensioneel en vervelig, in plaas van die bont, deurmekaar, maar verruklike optog wat ons lewe noem.